皖山晴雪徽州夢

安徽遊

陳亞南著

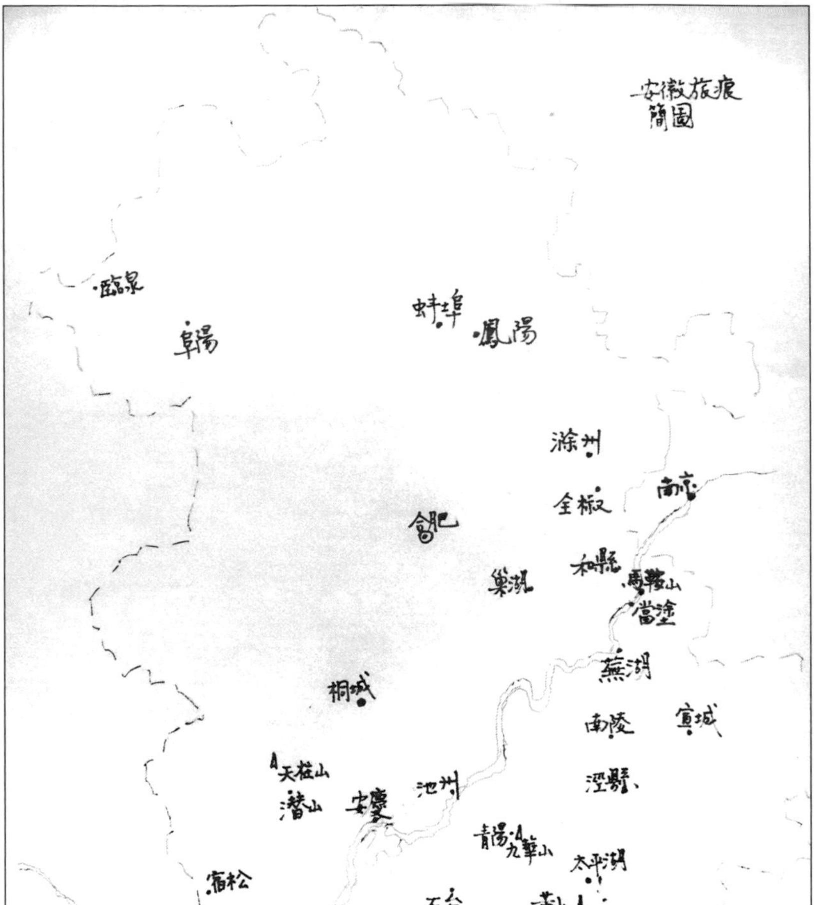

安徽旅痕
簡圖
臨泉
阜陽
蚌埠
鳳陽
滁州
全椒
南京
合肥
和縣
馬鞍山
巢湖
當塗
蕪湖
桐城
南陵
宣城
天柱山
潛山
安慶
池州
涇縣
青陽
九華山
太平湖
宿松
石台
黃山
湯口
黟縣
績溪
休寧
歙縣
屯溪

旅遊簡圖

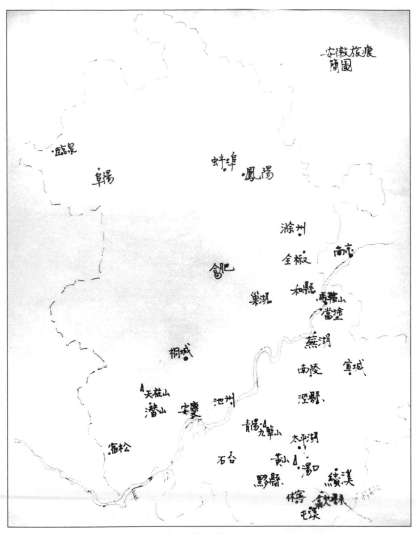

序

安徽一直是我渴望一遊的地方。為什麼要說遊呢？我僅僅只是兩次踏上安徽土地，每次短短十幾天。

我很想藉著自己的眼睛和腳步來重溫父親的記憶，來書寫他成長的省城，他老年很渴望回去的地方。我很希望能將旅遊記憶烘焙出時間的厚度，將這本書獻給我平凡的、敦厚的父親，以及和他一樣堅忍在這一大段江海翻騰下的長輩。

誠如我的每一本書，我非常用心和誠敬的寫，寫作是敬重生命和天地的事，至少我一直這樣認定。我也知道自己生活的經驗不夠廣，了解的面度也不夠深，然而我還是記述了我命定的安徽。有前輩作家說：作家的書寫，總是有兩個定點，一個是第一故鄉，另一個是第二或第三故鄉，這個定點是心理的也是地理的。

所以臺灣雖是我的第一故鄉，因為安徽是父親的第一故鄉，那麼我這個臺灣女子也可以說是安徽女子吧？安徽女子寫安徽，就多了一分很微妙的情愫。

旅行是平凡人閱讀大地的窗口，安徽有黃山，更有多面的其他的山：天柱、齊雲；安徽有毛楓，其實還有晴雪、仙鶴；安徽有徽商，有胡適，還有更多可愛的人們。

有大師說：一生癡絕處，無夢到徽州，

而我是一生喜覺處，有夢到徽州。

不曾後悔

來過

流連過

春花秋月

夢不醉

也難！

陳亞南

目次

壹

春最滁州

醉翁亭出奇的簡單、古拙，亭檐一直伸展，騰空而飛了。亭子右邊一塊刻了「醉翁亭」三個大字的青褐色巨石，半倚半立著，那可是赤子之心未泯的老歐？

醉翁亭

看看約兩個小時車程，來到滁州最熱鬧的一條街：瑯琊大道。車裡已經有人忍不住站起來張望。

「環滁皆山也！」這是歐陽脩記述滁州的第一句文詞。

「看看是不是真的四面都是山呀？」

團友急著看滁州，我急著看安徽。

瑯琊大道

車子在瑯琊山口下停駐，買票，點人頭。

大陸的景點服務非常馬虎，甚至可說有些粗魯，但是數人頭，點門票，卻是非常仔細、精

醉翁亭，有亭翼然，造型親切可愛。

確，一遍一遍。

繁瑣事交給領隊吧，窗外正是瑯琊山道，林木扶疏，蒼蒼鬱鬱。「瑯琊山」三個字是蘇軾瀟灑的題記。

由於幅員廣，勢平緩，閒步四眺中，過一小拱橋，就看到「千年醉翁亭」的碑石。眼尖的隊友已發現石橋拱洞下的潺潺水流，水流中段有一口圍住的泉水。好清澈，倒影分明，泉水不斷冒湧。

「『山行六七里，漸聞水聲潺潺而瀉出於兩峰之間者，釀泉也』。〈醉翁亭記〉裡寫得明白。」

「釀泉。可是這裡寫的是讓泉？」

「讓泉取的是謙讓的意思。」「釀泉、讓泉，非同一泉。」地陪小李說。吊個歷史書袋，離醉翁亭子不遠，有一股釀泉泉水從地下滑出，直接流貯在一個石池中，因為水質清澈醇美，歐陽脩很喜歡直接飲用，不必沏茶、不必釀酒。難怪，釀泉叫玻璃泉；難怪歐陽脩曾在《題滁州醉翁亭》詩中讚詠說：

聲如自空落，瀉向雨檐前；
流入岩下溪，幽泉助涓涓。

不過今時物換星移，釀泉早已湮沒了。在醉翁亭前，讓泉，姑且讓我們附尚風雅追懷一番。

千古醉翁亭

醉翁亭不難找。

石階石牆，進小圓門便見「醉翁亭」。圓門上「有亭翼然」四字，先讓我遐想了一番。只是我沒有想到：它真的就是個小涼亭，跟江西的滕王閣相比，看來就是個小不點兒。

進了圓門，小亭院裡有兩塊石碑，正反兩面鐫刻著蘇東坡所書《醉翁亭記》全文，這是蘇東坡為紀念其恩師而寫的。文丰采，字俊逸，後人稱為「歐文蘇字，珠聯璧合」，為宋代留下的稀世珍品。整個小園亮了起來，我們這一隊上的人，大家不約而同的靜立碑石前「悅讀」著，安靜的不忍破壞一絲氣氛。

幾聲樹葉飄拂窸窣，在空氣裡盪了很久很久。

這個醉翁亭出奇的簡單，相當古拙，亭檐一直伸展，好像鳥兒張開羽翼，馬上就要騰空而飛了。亭子右邊高處有一塊刻了「醉翁亭」三個大字的青褐色巨石，半倚半立著，像個喝酒微酣的大漢，斜靠在山坡上，那可是赤子之心未泯的老歐？

進入亭裡，鵝頸靠椅環列，其中有處玄妙！靠山坡的這一邊，靠椅上多架設了兩個小凳大小的小桌，好像可以擱些簡單的東西：小書、小冊、酒杯水杯等等的。

對！這小桌就是給歐陽脩在此聚友談飲的，在此批閱公務文件的。哇！太棒的點子了，太守何必整日窩在那冷冰、棄絕天光的衙門裡？

這醉翁亭太棒了。不過，這亭子可不是歐陽脩他自己建造的。

亭子建於北宋慶曆六年（西元一〇四六年），當時歐陽脩被貶來此，任滁州太守，常邀友人和當地文士同遊瑯琊山，飲酒抒懷，和方外講談。瑯琊山的智仙和尚很同情和敬愛這個被貶至此處遠荒的太守，便為他在這半山腰上造一座亭子，讓他得以先歇歇腳和寫寫文章。

亭子建成後，智仙請歐陽脩命名，歐自號「醉翁」，遂題名為「醉翁亭」，還寫下了一篇《醉翁亭記》，文自深心中而發，所以從那時開始一直流傳到後世。其實當時歐陽脩年僅四十歲，並非老翁，也不常醉，取名「醉翁」者，只是心有憂怨，借「醉」來排解而已。他在文中就說得坦白：「醉翁之意不在酒，在乎山水之間也」。

說來，人格的境界是清風明月、柔枝漣漪。性格厚重、恬淡、理智，升官可喜，貶官也能守住尊嚴。

所以歐陽脩雖然貶放遠地滁州，滁州豐饒而歲和，純樸而安靜，這一點仕宦的逆旅，反而讓他有機會得以離開政爭的漩渦，得給了自己一份沉澱和靜謐。

這讓我想起一個現代寓言小故事：

一隻小蟹，出生剛鑽出砂穴時候，正巧飄過來一只烏龜殼，小蟹從此背著那只重殼。直到有一天，牠實在累垮了，避在一口沙穴中，忽而長潮的海水沖走了那只重殼。小蟹赫然發現脫離沉重的負荷很簡單：「放下」就好了，身輕心寬。

當然，人生沒有這麼簡單和容易，否則哪叫人生？好比每次出門旅行，我們都因放不下「家」而猶豫。

歐陽脩從夷陵、揚州、滁州……，一地一地，找回了一部份比較完整的靈魂，實現了他追求的生命價值，為百姓帶來生活的豐樂；他的文采華章，重新凝入了心靈的所繫所感，不預期的為自己留下了文學上不朽的篇章。

難怪日近中天，這亭中是那樣清涼，一如歐陽脩的心境：好個雲淡風輕。

如同西湖湖心亭與張岱，歐陽脩登臨亭中的那一刻，這醉翁亭，以及西澗旁的豐樂亭，都已經變成了一個意韻豐富的文化符號，一個文人瀟灑和仕宦心情的表徵。它的風華爛縵無從言說，成了無限江山。

歐陽脩的故事

歐陽脩，何等人？

歐陽脩字永叔，宋朝吉州廬陵〈今江西省吉安縣〉人。出身寒微，父親在他四歲時便過世了，全靠母親鄭氏做針線活來養育他，因為買不起紙筆，鄭氏就以沙土為紙，蘆荻桿當筆，教歐陽脩認字讀書。歐陽脩也的確是個聰明上進的孩子，不到十四、五歲，就已經滿腹學問了。鄭氏希望孩子能夠得到更好的學習，便帶著他投靠叔父，叔父驚奇和高興這小小孩子的才智和抱負，於是倍加愛重，悉心栽培。

有一次，叔父帶著歐陽脩去拜訪城南一大戶人家。一隻裝書的竹筐裡，歐陽脩發現一本殘缺的《昌黎先生集》，便蹲在那裏讀了起來，愈讀愈入迷，連叔父催促他回家他都沒有聽到，主人家感動得將那舊書送了給他。哪知歐陽脩此後，除了手不釋卷的讀誦之外，更廣蒐博覽韓愈的著作，韓愈成為他最崇拜的對象，也影響了他日後的性格和作為。

歐陽脩二十四歲時候高中進士，被派往西京洛陽。宋仁宗景祐三年，眼見奸邪弄權，便無畏上諫，後又為營救遭貶的范仲淹，而被貶為峽州夷陵縣令〈今湖北省宜昌縣〉，他無懼前往，還義正詞嚴的寫了一篇《朋黨論》。後來又因觸犯權貴的利益，權貴將他貶往滁州。

歐陽脩生性豁達，雖遭貶官，依然悠遊自若，反而留下了數篇膾炙人口的遊記，如《醉翁亭記》、《偃虹隄記》、《豐樂亭記》、《菱谿石記》。

出醉翁亭，亭北有一座二賢堂，是當地人士為紀念滁州前後兩任：人品、性格、經歷都很相似的太守：王禹偁（ㄔㄥ）和與歐陽脩所建的小小堂屋。我們因為安排了充裕的時間，所以也仔細看看這小堂屋，風景氣象都很不錯，堂屋中有屏聯，堂屋外植滿各樣的樹，在這暮春裡，葉芽將發未發，枝枝綠紅，我推想：如果早春時候，這兒應該包圍在花海裡了吧？那可是歐陽脩最愛的呢！

醉翁亭西側有小園寶宋齋，寶宋齋面積較大，為「醉翁行樂處」。庭院內有：意在亭、古梅亭、影香亭、怡亭等亭臺。這麼多亭子，亭子開同學會嗎？說到古梅亭。來到這亭子前面，大家都停住腳了。是亭子特別嗎？

簡單小亭，像單間的小房。桌椅簡單，窗欄雕花也很樸素，坐下來可以看到山下的白牆黑瓦。我和先生走進亭內，坐在亭子裡，推想歐陽脩也這樣坐在木椅上，和賓客們談詩論學、品酒烹茶。

亭內清爽、舒適。

可是，為什麼大家都在亭外指指點點？

「中間的那個字應該念『杲ㄍㄠˇ』吧？有日有木啊！」

「應該是『鼎』吧？底下是個架子，上面是白米的白字。」真是七嘴八舌。

到底是什麼字？

「『梅』花的『梅』字，小篆體。」

再逛逛，亭前真有一株古梅，枝葉繁茂。軒昂的氣質，不只長在外型上，也長在精神裡。歐陽脩親手種植的梅樹，人稱「歐梅」，不過，原來的梅樹早已枯死，這一株為明人所補植的。若真的是明代種的，老梅樹長的可真好呢！

順著山勢，往下去，辛夷開得葳蕤，含笑花特別潔白，空氣裡有些冷香，我快速跑在樹下拍照，似乎春天還留駐在這園

紀念王禹偁和與歐陽脩兩位太守的二賢堂。

子裡。

再往下，有泉水從牆外流入，曲折蜿蜒，如回陽九轉。一看，就可以推知當年歐陽脩常在這裡和友人共飲。

說來中國的文人都很會享樂，很講求精神的浪漫。喝酒，直接划拳乾杯，不夠韻味和雅興，用杯盛酒浮於水上，任其漂流，流至某個人的腳下，某個人便將杯中之酒飲盡，飲盡後口占一首詩。

「九曲流觴」一直為後世引為趣談。後人也在「九曲流觴」處，建一座古雅的意在亭，並模倣歐陽脩等文人的戲水飲酒。再南面有影香亭，建於一方池上，壁上題了「疏影橫斜」、「暗香浮動」，亭中正有當地人瀏覽，氣定，神閒，聽他們的口音，真真與父親相似，鄉音ㄟ！我有些想起父親來了，也有些氣他了，因為我好幾次跟他提到希望「他陪我們」來遊安徽，可是他都說怕拖累大家。

涼亭大聚會

現在的醉翁亭地區，已不是一座孤單的涼亭，而是以醉翁亭為主題，依山傍水，亭臺錯落，參以婆娑古樹，玄天古寺。青山如畫，真能讓人沉靜和深思。

醉翁亭院的西側有一座醒園，面積不大，十分雅緻。趁著隊友還在點名拍照，趕快跑去瞧瞧，涼亭樓閣，好安閒的地方。被貶官其實也不錯耶！作一個閒客，能悠閒的到這地方來窺探山林深秀。當然，一聽就知道：這是沒有做過官的我說的幼稚話。

出醒園南門，過橋不遠即是瑯琊古道，道旁有洗心亭。

洗心，悔過自新的意思。掃地掃地掃心地，心地不掃空掃地；洗手洗臉洗心地，心地不洗枉洗淨。

宋朝時候的瑯琊山、瑯琊寺，雖然風景優美，但並不是專供人們度假遊覽的，主要是僧人聚集唸經、人們燒香拜佛的地方。醉翁亭的上方有一玄天古寺，歐陽脩就常常在那兒上香、靜坐。洗心亭建在即將入山寺的瑯琊山山腰上，求神拜佛的信眾，必須先在此沐手洗臉，焚香禱告，對過去的錯誤自我反省，表示懺悔，如此「洗心」「心誠」之後，再上山拜佛。據說這樣，拜佛就會靈驗了。

其實，從滁州城入瑯琊山，瑯琊山的腹地很廣，走到洗心亭，大概早已氣喘吁吁，汗流浹背了。所以步入洗心亭內休息片刻，從小小洗心亭看山道如仙綵飄帶。有兩句詩文說：「江山無限景，都取一亭中。」這就是亭子的作用，把外界大空間的無限景色都吸收進來。

登山電瓶車來了，先遊醉翁亭，再遊瑯琊寺，入洗心亭內，定心養性，緩步上山，又是新風光了。

坐登山電瓶車，雙腳舒服、享受了，可是有些景點就不能盡覽了。野芳園景區在瑯琊山門以內，進山門不遠，倏忽一瞥：亭臺廊閣、飛檐翹角，桂花紫荊，園林格式，不錯看呢！

可惜就只是看個兩三分鐘了，下次來又要多少年後？或者還有沒有緣份可來呢？人生到處知何似？

往瑯琊寺山道中間的右手邊，我們又看到一處驚呼的美景。

一潭透明的水鏡，瑯琊溪成小灣，寺山群水，天光聚集，真個是蘭亭裡的群賢畢至，或平山堂裡的太守與民同樂！人家說古人遊山時喜歡垂釣，今人也喜歡戲水親水、漂浮潛泳。玩家樂水，湖水才有致命吸引力呢！

小巧的湖心亭，白潔的九曲拱橋、水榭、軒廊、石磯等系列建築，湖畔還有蔚然亭，並在附近山上又建造了瑯琊書齋。

深秀湖以歐陽脩《醉翁亭記》文中：「蔚然而深秀」的句子命名。想當然風景如畫。

《醉翁亭記》的故事

在滁州至今還流傳著歐陽脩修改《醉翁亭記》的故事。

傳說：歐陽脩寫好文章後，並沒有立刻刻印，而是抄寫幾份張貼在滁州城門上。很多人不知道這什麼意思，便問為什麼。歐陽脩笑而不答，只是令衙役高喊：「滁州太守寫了一篇《醉翁亭記》，請過往商人、黎民百姓、文武官吏過目修改。」

幾天下來沒有人動改過任何一個字。

這天，歐陽脩到城門前，來看他的文章，越看越得意，不禁大聲誦讀了起來：「滁州四面皆山，東有烏龍山，西有大豐山，南有花山，北有白米山，……」這時，有一位農夫路過城門下，聽到歐陽脩的朗誦，不禁自言自語：「還是太守學問大，我只知道滁州周圍都是山，可是太守還知道山的名字。」一席話說得歐陽脩如夢方醒，立即拿下文章，將開頭改為「環滁皆山也。……」這一下，意境頓時躍然紙上了。

醉翁亭因歐陽脩而名揚，歐陽脩也因醉翁亭而為後人所敬愛，現在，醉翁亭更已經成為大家喜愛的場所，追憶歐陽脩的場所。

「欸，欸，我自願貶官到這裡來好了。」隊友中不知誰高嚷起來。

「欸，欸，你以為你是誰？連官都沒有，還貶？」

湖水澄碧，青山如黛。返老還年少，一樂。

我想起一句我很愛唱的歌詞：

天天天藍，教我不想她，也難！

不對，不對，來到這兒，歌詞要這樣唱了：

春花秋月，教我夢不醉，也難！

瑯琊山

古道行

坐電瓶車在瑯琊古道上，向瑯琊山頂去。

瑯琊古道，早已經築成現代化的公路了，還好，石板路保留了些略似古時的趣味。

整個醉翁亭、瑯琊古寺都屬於瑯琊山。地陪很盡責，沿路介紹，我也很認真的記錄，因為我的祖籍是安徽。「我覺得叫古名『摩陀嶺』比較有個性，『瑯琊』太通俗，山東海邊也有叫瑯琊的地方。」我跟老公說著，換來個白眼，哈！這結果我早知道。

為什麼叫瑯琊？

相傳東晉元帝司馬睿在稱帝前封號瑯琊王，曾在這裡避胡亂，所以後人改名為「瑯琊山」。瑯琊山高兩白到三百米，峰巒俊秀，泉澗優美，古樹參天，環境幽雅，高僧來此建寺……

介紹中，終於可以下車，旅行中我喜歡步行，踏實感受美景。

下車後，先深深吸一口空氣，啊！山中空氣真是清芬。

瑯琊山門

下車的地方並不是瑯琊寺的山門。

瑯琊山門，早在進醉翁亭的山腳進山處。

下電瓶車的地方也有一處石刻牌坊，上書：「天蹊雲徑」，這石坊刻得精緻，石鼓上刻鑿有牡丹花，石坊後的石梯筆直而上，茂密林木，實在引人入勝。我趕快往上去看看，一股澗水汩汩分流，竹林有一種淡淡的香竹味，有人說那是飛天菩薩香，是嗎？我不禁低哼起般若波羅蜜多心經來，四周好安靜，我自己哼唱的聲音都能聽到迴音。

看到兩個當地人從山上健行下來。

「風景，很牛！」那兩人說。很牛就是很有看頭、很壯大。

我走了幾十階梯，山風徐徐，停腳下來，想像著滿山枝柯，嫩葉茂生，我覺得沒有什麼比想像更奇妙了。

樹枝勁虬，清風穿枝……

一步一景

一對石獅坐鎮，蓮花渡航引路，向瑯琊古寺去。草葉攢聚上圓拱小石橋，汩汩流淌著苔痕的淨手泉……給人一段時空的距離。天王殿前一○八臺階，好似對入山人的考驗。一顆虔誠的心帶來否?老古柏低眉垂詢。根據我的旅遊心得，走這種石階，拂欄倒走最棒，一步一景，景景闊、開、朗、遠。

小烏龜馱著金元寶，紅櫻花映照了殿前一隅，爬牆虎披垂著僧房，天王殿前沒有煙暈，江南林園的感覺，天王殿也透著莊嚴。

大雄寶殿是瑯琊寺中的主要建築，居在整個古寺的中央。正殿中間，以合抱的楝木為柱，氣勢十分雄偉。

大雄寶殿包含大、雄、寶三層意思。大者：包含萬有；雄則：攝伏群魔；寶者，即佛、法、僧三寶。因此，它是一般寺廟的主要建築。大殿正中塑坐如來佛，大佛高踞蓮花座上，通體金身，彷彿佛法的智慧通透澄澈，足以照醒世間。

如來佛兩旁有他的兩個弟子：伽葉、阿難。伽葉在釋迦死後，即為佛教的長老。阿難又繼伽葉後為長老。相傳佛教經典就是由他憑著記憶，把佛祖生前所說的話寫在貝葉上流傳下來的。

大雄寶殿的梁柱、檐口，還有檐下的牛腿，全部雕龍刻花，色彩鮮麗精細。我很喜歡看老建築的木造部分，那真是耐看，多少工匠的心血和智慧。瑯琊寺原名寶應寺，後來易名開元禪寺。隨著朝代幾經興廢，現在的寺院大部分為清光緒年間重建的。看著連排而去的僧房、圓柱，肅穆的氣氛瀰漫，尤其沒有觀光的浮躁、喧嘩，加上殿前花木扶疏，很能讓人沉靜。

大殿前有一個小小的放生池，名明月池，池上有小小的明月橋，微微拱起。為什麼叫明月池、明月橋，太紅塵了吧？

「出家人也可以有浪漫情調耶！」

對唷，我曾跟台灣中壢報恩寺的師父到印度朝聖，師父就很浪漫，每日笑瞇瞇，唱著好聽的梵歌。隨喜中修如來業。

地陪小李說：「有月亮的夜晚，站在橋前池畔，可以觀月賞景。」是嗎？直到漫步到池左明月觀，一處道教佛堂，殿後有藏經樓，藏有佛教經書很多，其中一部《貝葉經》，相傳係大唐高僧玄奘從「西天」取來的。我恍然聰明起來：佛祖慈光如月光，讓人沒有恐懼的自然親近，因喜悅沐浴佛光，而生慧大智。

明月池、明月橋，難怪啊，難怪！

三友亭、無梁殿、會峰閣

大雄寶殿北後面的院內，還有攬秀堂、積馨齋，其後還有三友亭，亭中的紫藤莖蔓四處攀緣，看看那莖蔓，應該有百十年了；而濯纓泉，取意於《楚辭》中「滄浪之水清兮」的句子和意思，可惜這一刻沒有了泉水清湧。不過，泉前的一塊園圃，艷紅牡丹開的好漂亮，早上的幾場小雨，捲疊的花心花瓣中水珠點點。

老雲牆上藤葉垂低著水珠，「悟」字牆下苔綠釉釉，有幾滴山泉流下了，雨神來過了；「滴瀝」，牡丹花瓣雨珠滾落；「咚——」，落的種子蹦開來；「嘩——」泉瀉奔流；我的耳朵浣濯在天籟的清流裡。

直到先生在無梁殿前叫喚我。

那是個不可錯過的殿堂。

整個殿宇全用磚石砌成，沒有一根木梁，所以一般人稱為「無梁殿」。這無梁殿原名玉皇閣，為道教場所，內有玉皇大帝銅像。

從無梁殿轉下到會峰閣，瑯琊山風景名勝中的最高建築物。它於一九八八年開工興建，建築在南天門的明代建築會峰亭的殘基上，依山而建。

古典建築的飛檐翹角式樣，每層是六面八角，閣頂用黃色琉璃瓦覆蓋，雕梁畫柱，古樸大方。鈴角上都懸著銅鈴，微風一拂，鈴聲丁坽，很好聽的。山中不定是清靜的，卻正才是使人清靜的。

極目遠望，天高地闊，心曠神怡。雖然今天陽光相親去了，山色蒼茫，但是微涼天裡，天幕低俯下，群山逶迤，彷彿更貼近人間。

阿標大哥說：殿後牆壁上嵌有石刻，那些古代石刻觀音像和金剛經塔碑，就藏放在那兒。

瑯琊寺、醉翁亭和豐樂亭等古建築群，以及唐、宋以來摩崖碑刻幾百處，其中唐代吳道子繪《觀自在（即觀音）菩薩》石雕像和宋代蘇東坡書《醉翁亭記》碑刻，被人們視為衡世珍寶。

大地藏無盡，旅人何其有福。

貳

歌謠鳳陽

暮春的陽光，溫暖了每朵燦爛的藤蔓瓜蕊，黄瓜、菜豆、蕃茄……

褪雪、初春、花開、心暖，所有的美景交織成今春情懷。一路農田，這時節正好春麥抽穗，車窗外亮著好翠碧的綠顏色。一次稻米一次春麥。啊，spring漾，我在心底吶喊著。

一點三十五分從滁州出發到鳳陽，鳳陽是滁州市下的一個樸質的縣分。約一小時多的車程，三點鐘進入鳳陽縣了。田畝村舍、水塘鴨寮、榆樹成排，尤其溪河邊的油菜花如草毯。

龍興古剎

鳳陽，鳳凰山之陽，明太祖朱元璋的故鄉。曾經有一度，朱元璋要在這裡興建他的帝國都城。

鳳陽，面積不大，不過，因著歷史，真個有許多讓世人驚嘆的地方，是遊安徽不可錯過的。

首先，是這裡出了一位平民皇帝——朱元璋，他開創了大明帝國，對許多建築格局，對許多百姓生活的方案，都影響後世甚鉅。而目前，鳳陽保有龍興古剎、中都皇故城、明皇陵、鼓樓等大明王朝遺址和遺跡。

龍興古剎牌坊

龍興古刹，在鳳陽縣城城北。

一入「太祖遺風」彩樓牌坊門，感覺冷清清的，大門後還隱身坐著一個乞討男子。見有遊客來，售票員罵喝了他幾句，叫他躲遠去。

昔日幼年的朱元璋應該也受過如此待遇吧？

這龍興古剎，原名「皇覺寺」。朱元璋自童年父母過世後，白日裡寄身乞討出苦力，夜裡望天痛哭的地方，同時因為朱元璋發達後，尋根念舊，大修興工，甚至一度決定將首都建在鳳陽的地方。

儘管曾為乞討小沙彌，然而胸中也可深藏蓋世豪邁：

百花發時我不發，我若發時都嚇殺；
要與西風戰一場，遍身穿就黃金甲。

多大的志氣！

將相本無種，布衣亦皇帝。

無論如何這是朱元璋發基的地方。那時欺負他的老和尚，萬萬想不到一個原名叫朱重八，後改名朱元璋的醜小孩，日後成了平定天下，登基皇位「萬歲、萬歲、萬萬歲」的「天子」。

皇家寺廟

因為是「皇」家寺廟，龍興古剎的神道就有三百多米長，春天新芽冒生在兩邊的綠樹枝梢上，若不把它當成古剎，靜靜的石磚長道打掃得很乾淨，兩旁豔紫的荊花，赭紅的丹楓，有園林氣象，走起來很舒服。

沒有一般寺廟的匠氣，不過跟所有寺廟相似的：有天王殿、大雄寶殿、大悲亭、香火爐鼎……，但龍興古剎裡還有座別於其他寺廟的「明太祖殿」，殿上恭奉有朱元璋金身像，和開

明太祖殿上恭奉朱元璋金身像

國大將湯和與徐達立像。

其實，這寺廟雖沒有輝煌氣派，不若九華山、普陀山，但是這龍興古剎的氣派、廟規可是大得很。廟規、氣派寫在哪兒呢？不立文字！

天書啊？

對！

天書還是有書啊！

對不起，沒書！

怎麼辦？

涼拌，冷靜，「察顏觀色！」

看看守護神韋陀將軍。

一座寺廟的大小、廟規，「權」註明在韋陀將軍的手上。韋陀將軍童面戰袍，手持金剛杵。這金剛杵上雖沒有甚麼有形文字或律令，但那沒有文字的氣勢就可要弄明白了：

杵立於地：小廟，不提供四方掛單（住宿）。

杵置肩膀：可以掛單。

一手指天；皇家廟宇。

這「龍興古剎」就是皇家廟宇。

銅缸飯缽

偌大的廟院裡安安靜靜，禪房和僧院裡看得見的有很多出家人，由於正巧舉行傳戒進修，眾多的師父魚貫進入大雄寶殿。但是仍然真的是好安靜。

我們站在一旁看著師父們走過。

沉靜、和詳，雙手合十。

老公要我仔細看他們的衣服，春寒風涼裡，有穿毛呢，有穿薄紗，有穿布衣，衣上摺痕清晰。老公說由此可以看出現在的龍興古剎香火並不興旺，供奉無法一致。

僧院前的兩口大銅缸，我則叫老公來做比例尺，這樣大的煮飯缸，可推想以前曾有多少出家人在此。難怪少林影片總是這樣演：初入寺的「愣頭」小子，被派入火房管炊飯，攪拌著大鐵杵，攪著攪著，兩年下來，愣頭小子自己也不知道的功力就慢慢上身了。

對照一下，這龍興古剎現在約有六十畝大，僅僅往昔鼎盛時的二十分之一而已，那時候這廟裡該有多少師父、小沙彌？因為如此，所以成了孤兒的朱元璋，才能容易的來，容易的去吧！

幸福是

出了古剎，天王殿前靠牆處的一座小小的土地公廟，因著角度，這會兒看得清楚。初進古剎時，我看得小香爐上是空的，現在有人來上了三炷香。在龍興古剎裡，我還沒見著上香的。祭過春年，拜過土地公，心繫自己田地的農夫，揮動起鋤頭，深深就開始嵌下一行行的「新綠」了。

人生祈求的，其實是很平實的、卑微的：安身立命而已。

我想起一篇短文，說：

幸福是母親的關懷，幸福是嬰兒的笑臉，幸福是平安的馨香，幸福是沉甸甸的麥穗……

平凡百姓求取的真的不過是這樣的簡單。

湯和的故事

龍興古剎裡，明太祖殿朱元璋身後，站立著的一員大將，其一為：湯和。

湯和，朱元璋小時候的朋友，文雅一點說：兩人是總角之交，一起放牛，一起餓肚子；一個站岩上做首領，一個在岩下拍胸脯。

當生活中連做個討飯求溫飽的乞丐也成奢望時，天下災難、農民揭竿就是一定要的了。湯和，這小時候的朋友，早於朱元璋已當了起義軍的千戶，寫了一封信給朱元璋，引薦他投軍。並給予他很多幫助，讓本身即處事冷靜、思慮深遠、勇敢善戰的朱元璋，很快的就有了很好的表現。

朱元璋成了霸主，掌領導旗幟，湯和也隨他兵下采石、當塗，後來又下金壇、常州，功勞非常之大。

衷心赤膽的湯和，即使六十四歲，朱元璋賜第鳳陽，告老還鄉。但是倭寇肆虐，浙江、福建屢受襲擊，朱元璋召請湯和出山，到沿海防備禦守，他義無反顧的披上戰甲。

可是，世間友情不會是始終保持在同一個精神水平上的，更不會是永遠相知、相惜，永不猜忌的。

大明皇朝鞏固後，湯和選擇了放棄兵權，安享榮華。儘管湯和已經不再掌兵，洪武二十三年西元一三八九，朱元璋去看湯和。湯和躺在椅子上，嘴角流著涎水，支撐著向皇帝行禮。無法說話下，眼神充滿祈求：

陛下，難道你真的一個都不留下嗎？

意思是：皇帝啊，放過那些共同出生入死的老朋友吧！

朱元璋不明白那其中的意思嗎？但是也不必等回答了：

歷代皇帝不就叫「孤」家「寡」人的嗎？

徐達的故事

徐達，被朱元璋封為「天下第一名將」。死後，千百年了，都還要站在那個冷酷寡情的主子身後面。

幼年好友，甚至是成祖朱棣的岳父。

成了朱元璋手下的一員大將。朱元璋真是上天獨厚，武場上，徐達有勇有謀，起義後，立即攻下滁州、和州；麾帳裡，徐達雄才大略，又隨朱元璋渡長江，下采石、當塗，沒有幾年，大敗朱元璋最可怕的對手——陳友諒，奠定了朱元璋的霸主地位。

後來朱元璋自號吳王，正式稱帝，洪武元年，七月，火熱酷暑，徐達與常遇春率軍北伐，連下德州、通州……，勢如破竹，攻下大都。苦戰三年頭，班師回朝，朱元璋親往迎接，授予他中書右丞相的高位，可以說：一人之下萬萬人之上。後來又封他「魏國公」，鎮守北平，他出兵沙漠，也徹底將連逃出京的元順帝的餘黨後族一網摧毀盡了。朱元璋大樂，感動的宣稱：「授命出兵，成功凱旋回朝，不驕傲，不自誇，就像日月般的昭明哪！」

然而這樣的一位大功臣，朱元璋如何感恩、回報的呢？

徐達功高震主，朱元璋非常害怕。當他得知徐達患有背疽，也就是現代人說的「帶狀皰疹」，選了一個吉日，在宮中設宴酬謝臣子辛勞。

席上朱元璋俯近問候，特賜蒸鵝一塊。鵝為發物，對背疽尤為不宜，絕對應該忌口。

徐達哪會不知朱元璋的意思，雖然席前，曾有人勸他稱病不要赴宴。他接過食物，流著眼淚把鵝肉吃完。回家後，不久，毒發而亡。

從生到死，儘管被朱元璋害死，還仍得站立在朱元璋身後，不知道他們的靈魂會不會「萬」一嘆？

明皇陵

從龍興古剎到明皇陵，二十分鐘車程。

雖然二十分鐘車程，一畦畦遠至天邊的田野，留給我深刻印象。

元末農民起義軍由此始起，苦日子無法留下一口活著的飯時，從不計較汗水多寡、無語無尤的一群人，要鋌而走險、揭竿而起了。

有哲學家說得好：最質樸的人生課題就是活著，健康的生活著，至於其他：財富、職位、年齡……，不過人生本質的皮相。

若不是苦得非做乞丐，誰願意犧牲自己的人格和性命？

明皇陵朱氏第一陵

「始為僧、繼為王、終為帝」，放牛的朱元璋演繹了一段千古傳奇，成為中國歷史上農民開國的皇帝。成為皇帝後，朱元璋沒有忘記他的家鄉，他以皇帝和孝子的雙重身份，在鳳陽營建祭拜父母的皇陵。

中國人有句諺語：「一人得道雞犬昇天」，從洪武二年開工興建，十一年建成。朱元璋的父母、三個哥哥嫂嫂、兩個姪子都埋葬在這兒。所以這兒是明代朱氏皇朝的第一陵。

天下第一神道

進入明皇陵大門，二百五十七公尺的天下第一神道，筆直壯闊的鋪展。綠碧玉滴的兩列柏樹修剪齊整，背後襯著大片林木田野，彷彿有飛天女神屈膝坐在芳草地上。

真是夠氣派！

六百多年前，朱元璋完成他最大心願，明皇陵——父母之陵，雖不是帝王陵墓，卻有著凌駕於帝王陵墓的規格。

究竟整個皇陵有多大？

地陪說：整個走一圈，也只有原先的八十分之一。

哇！真是有我無法想像的大呢。神道上有三十二對的石像生，儘管戰火摧殘，歷經幾世滄桑，也現存了三十一對石刻。

這是歷代其他帝王陵寢所不及的。

這是壯觀的歷史文化遺跡！

神道石刻

生動形態，無一雷同，真的可說天下第一神道石刻。

我們慢慢端詳，石刻高大壯碩，眼神炯炯；麟紋層疊，栩栩如生；鬃鬣翕揚，向空鳴嘶；……

所有工匠師傅，將出於肺腑的忠誠，都灌注在刀筆之下了吧？

自北向南依次排列有：獬豸、石獅、華表、馬官、石馬、控馬人，以及石虎、石羊和文臣、武將等。除了石獅八對，石虎、石羊各有四對外，其餘都是兩兩相對的。

但是，從現存石刻上也很明顯的可以看出被修補的痕跡，固然歲月風化，但多的是人為的砍斫。除舊、不滿、忿怒、蠱惑，才破碎至此！

幸好，大部分的石刻仍保留下完整的外形來，不僅刻工粗獷細緻兼而有之，寫實摹神具俱融會，而且每個石刻的神態都不相同，即使是兩兩相對的石刻上，也都存在細微差別。真是目前神道石刻中數量最多、保存最為完好的臻品。

尤其在這現存的石刻中，有著在其他皇陵中難得一見的跪羊。人們經常以「羔羊跪乳」比喻孝意。朱元璋為了拜謝父母的養育之恩，特地修建這座大陵。為了表達孝恩，而特地在陵墓前立下四對跪羊。至於明代其他皇陵中再也沒有跪羊的石刻，所以這跪羊石刻很有意義。

隊友們在這兒拍照，說說嚷嚷，這兒幾乎沒有一絲兒的陵墓感覺。

而在這眾多石刻中，有四根圖案精美、

皇陵中有著其他皇陵中難得一見的跪羊

高大挺拔的華表，老遠老遠就可以看見，很引人注目。華表原來只是路標，後來演變為功德柱。朱元璋的父母有什麼功德呢？古人說：大孝顯親。以樹立華表紀念父母，朱元璋的確盡到了「孝道」。

明清朝代以前的華表都是素表，沒有圖案。但這裡的華表卻滿是精細花紋。華表呈八面，每個面上雕刻有二十二朵花卉圖案，圖案的用筆有著工筆畫的層次，構圖大致相同中卻又有些微個別的特性。這些花看起來都是象徵富貴吉祥的牡丹花系列。

雨中墓陵

雨不知何時落下的。其實一進園區，天色就有些欲雨感覺。瞻看陵園，這樣的氛圍還添增些兒肅穆。

然而參觀了這許久，雨絲才點點滴下，雖然風大了些，柏樹桐樹在風中搖曳，但是我們繼續往前參觀的遊興不減。

路旁有些石礎遺跡，以圓桌面大小的礎座來推想，這裡的享殿正宇一定大得不得了。陵區有一大看板好像說著進行修復後的宏圖。落雨中，大夥仍向最後的墓園去。小小墳頭倒很平民，不過從墳頭看過去，神道的氣勢才突顯了，尤其雨中，既多了些水光粼紋，又多了些冥渺神秘。大明皇陵碑亭和無字碑亭也多了些神聖軒昂。

在明皇陵中最有價值的一塊紀念碑，是朱元璋為文的皇陵碑：內容敘述朱元璋的生平軼事，征戰群雄終得皇位的過程。文中並不避諱他少時家貧、父母雙亡，出家為僧的事實，尤其，唯恐建國的艱難不能炯戒後世子孫，朱元璋親自為文。

前晚閱讀當地報紙，據報紙登載：鳳陽計劃修復有「明代第一城」之稱的中都城遺址，其中耗資一億元要還原一千公尺的明城墻。

只是有些東西可修復的，有些東西是修復不了的；尤其有些東西會流失，有些東西則會永遠存在的。

黃昏欲雨，但這時雨才嘩嘩落下，絲絲、淼淼，整個陵區靜寂漠然裡，更容易湧溢一泓泓生命的悲惻。內心深處激發的沉思，交織著天外高處垂落的風雨，將這皇陵洗澤成另外一種明鏡。

中都鼓樓

五點四十分回到車上，淅瀝小雨轉大了。

這時正是放學時間，騎著腳踏車接回孩子的，牽領孫子的，三輪機踏車穿梭巷道小街。不管什麼地方，生活的面貌似乎都很相似。

轉過一兩個路口，鼓樓赫然，也接近市區了。

中國最大的鼓樓

鳳陽中都鼓樓是大陸最大的鼓樓。鼓樓由台基和殿樓兩部分組成。台基非常高巍，頗有千年萬年不會毀塌的氣魄，殿樓還有樓層九間，層簷三覆。

鳳陽中都鼓樓是中國最大的鼓樓

令人注目的是台基上有朱元璋親書的「萬世根本」非常醒目斗大的字。黃昏雨中，摩托車、腳踏車、行人忙亂的穿過樓底通道，車聲轟然。

「萬世根本」究竟指的是甚麼？地陪說，到現在都還在研究中。太超過了。管它是不是吸引旅遊的誇大詞。

國事倥傯，生民萬端，為何只求風調雨順、國泰民安？出得皇陵，農田小麥不是一路亮眼嗎？「根本」啊！究竟指的是什麼，恍然可以悟出——國之本，人民哪。

撐起傘，在雨滴越來越大中，我們繞著鼓樓四處仰看。

偌大的廣場。鼓樓周圍全是商店街舖。

西元一三五三年朱元璋攻取滁州時，曾有個讀書人叫李善長，來到朱的

從鼓樓臺基涵洞看市街

軍營，一襲書生裝，溫文爾雅，給了當時還叫朱重八的朱元璋很多的建議。

從貧苦出身，應當更能將心比心，我相信：初起時，老百姓的吃飽穿暖事，的確在朱重八心中有一種真摯的抱負和掛記。只是為什麼「權力」一旦披上，關注的就只是自己了；抱負沒有了，一己之私漫溢整身了。尤其可嘆，大明帝國始終既無崇尚武功的趨向，也沒有改造社會提高生活程度的宏願，它似乎只在使人民不為饑荒所窘迫的低標準下，苟延長治而已。

萬代根基，很多人弄不清這語詞之意。

真的嗎？

鳳陽鬧區街景

叁

合肥沃野

從蚌埠一路往合肥來，春麥青碧，油菜花成畦。好似我住過的嘉南平原。

安徽歷史悠久，有很多傑出並影響歷史的人物！

好個合肥

合肥？好奇怪、好不登大雅之堂的名字。

肥，已經沒有人喜歡了，還要「合肥」？

可是推遠一點來想，那個辛勤耕田卻不見得能吃飽，有皇帝、權貴作威作福、無處申吐的時代，「肥」可是個好詞語，代表了溫飽歡樂，五穀豐登，倘若大家都「肥」腴豐沃，豈不普天同樂？

經我這樣一說的確有理吧？好吧，就接受合肥吧！

可是合肥在哪兒？似乎好多人沒有聽過。

然而，我可是從小聽到大，我老爹常常說：「ㄏㄜˋㄈㄟ，ㄏㄜˋㄈㄟ，徐子俺就是ㄏㄜˋㄈㄟ安大的！」「ㄏㄜˋㄈㄟ，省會啊。小時候家裡人上ㄏㄜˋㄈㄟ，我要跟著去，只想去包公祠啊！」

我還想著老爹的嘀咕，在老爹的鄉音裡神迷。

「沒有什麼有名的景點嗎？」「為什麼安排合肥呀？」隊上的夥伴搖著我的手臂問。

阿標大哥說話了，來到安徽，一定得到「省會」看一看，不要以為安徽就是黃山。

哈！我要雙手雙腳拍掌，說得太超有道理了。

淮南重鎮

車子從蚌埠一路向合肥市而來，平疇沃野，渠塘羅布。

合肥市位於安徽省的中部地方，合肥古稱廬州。北邊有長江淮河，手爪般的靈動支流，灌溉一大片一大片肥沃田畝，南邊更臨著巢湖，有魚有菱藕，飽餵每個人笑呵呵的了。最讓人羨慕的：一條南肥河，一條東肥河，兩隻溫暖的手臂把這個地方環抱起來，北方的皮革、大麥、山珍，南方的瓜果、藥材、海味，江湖之間的水運都來這裡會合再轉賣出去，所以在歷史上，它早已經寫了兩千多年的繁忙紀錄。

這麼好的、有料的地方，誰不要來奪取呢？

要奪取就要搶、要戰爭。

魏、蜀、吳三國在大江南北鼎立，誰都想稱霸這中間的、這一塊肥肥的地方，幾回大戰下來，這一帶多數城邑都被打得十戶八空。當時，孫權據有江東，以建業（南京）為都城，沿著長江、巢湖……，築了很多堅固的塢堡和要塞。曹操當然得拔除這可恨的眼中釘，而積極布軍，督練水軍和步卒。今天在合肥城內的明教寺附近就仍有曹操的練兵臺。

魏、吳多次大戰。曹操多次親率大軍由合肥南下，沿江突襲；孫權也經常親領水師北上，圍攻合肥。

三國之後，東晉南北朝時候，合肥是建康西面的門戶。隋初在合肥設置廬州，唐宋以來沿用廬州的建制不改，元代統一全國後，在合肥設置廬州路。太平天國時太平軍多次攻奪合肥，給清軍以沉重的打擊。

抗日戰爭爆發，合肥很快淪陷，長達七年的軍事占領使這座古城受到嚴重的破壞，到處斷垣殘壁。幸而這些年合肥已經完全改頭換面，市容整齊，有大商場、大超市，而且發展出很多工業。我們停在路口的當下，就看見超市的巡迴接駁車。啊！好想去超市看看。

在追溯合肥歷史的當兒，車子已經駛入合肥市中心了，我張大眼睛，瞥見了車窗外「壽春路」三個字的路牌，以前這裡是春申君的封地啊！

三孝口

進入合肥市中心，在中心口我們繞了兩三趟。市區道路非常乾淨、房舍也很整齊。有些寧靜的舊時風情，於是還要說古一下。

市中心舊名叫「三孝口」。相傳：

很久很久以前，這兒有一戶張姓人家。寡母獨自撫養了三兄弟長大，三兄弟也非常孝順。後來，母親年老往生，在靈堂內，三兄弟寸步不離的守靈、誦經，但是在焚香燒祭時，紙錢飛出，釀成意外失火。鄰居以及來弔唁的賓客都跑走了，有人勸三兄弟快快離開。母親靈柩尚未安葬，三兄弟不願離開，就跪在母親遺體旁。及至火災撲滅後，只見母親遺體前有三具跪拜的焦黑身影。

真是三個孝子啊！人人感動，噓唏落淚。

宋朝皇帝聽聞了，下詔表旌，並命名這地方為「三孝口」。

說古中，可以推知了合肥的悠久。

逍遙古津

雨從前一晚就淅瀝淅瀝下個不停，而且還從小雨轉成中雨。

早上十一點鐘到達合肥。來到消遙古津公園之後，雨，下得更大了。一園子滴嘩的翠碧，在入園門口立刻吸引了我。

啊！春雨是來為這平凡尋常的公園增添姿色的。

尋常公園

林木扶疏，使得整個公園像是個植物園，安柳、龍

逍遙閣臨水而立，風情不俗。

柏、松樹……，還有長了像繡球花大葉的綠樹，更高的是一列列的棕櫚，大把雨扇，懸著透亮的水串。

設計蜿蜒的路徑，閒步中便步入了一哇哇林木深處。林中突出一灣河段，雨珠繞上圈圈漣漪，小石橋、小琴橋，都小巧可遊。

說來春天滴滴答答的落著小雨，閒心閒步靜聽落雨，也是賞心樂事。

閒庭小院美如小品畫幅，雨露濕潤，安樂自在，更是一段美好的時光。

三國舊事

園中小橋頗多，江南嘛，小橋是尋常建築。不過我們走過這園中最有名的飛騎橋，這橋可

飛騎橋橋柱特寫

就不小了，需要騎馬，還要拚命奮力一躍。

飛騎橋，在三國演義「張遼威鎮逍遙津」裡，可是大大有名。公元二一五年，孫權率十萬大軍攻打合肥，而當時張遼守合肥，只有七千人。在敵眾我寡，天壤懸殊的情況下，情勢十分危急。張遼一向多謀善戰，立刻趁著吳軍佈署尚未穩當之際，於當天夜晚親率勇士八百人，突襲入吳營，打得吳軍措手不及，丟盔棄甲，死傷慘重。然後張遼又迅速收兵，回城固守，孫權屢攻不下，只得撤兵。那知張遼早已率兵埋伏在渡口邊，當孫權身近西津橋邊時，伏擊一出，孫權狼狽逃竄，由於後無退路，只有孤擲一注，拉回馬，縱轡加鞭，死命縱身衝刺，馬嘶昂烈迴盪雲霄，一躍三丈餘高，飛越過西津橋。

入園口的張遼銅像

從此這西津橋改名飛騎橋，張遼也留名歷史。入園口處，有一尊張遼橫刀躍馬的英姿銅像，兩旁則是高昂的梧桐，梧桐樹兩三丈高了，暮春青碧的嫩葉間，間雜著顆顆懸墜的黑種子，那種子看來真像黑荔枝呢；其實園內一片樹林間，還有一座張遼的衣冠塚，塚前有神道，有華表，華表上書寫「曹魏大將張遼衣冠塚」。人們對於英勇忠誠的人總是敬佩愛戴。

雖然雨天，當地的遊人仍不少。他們在逍遙閣前的水榭裡聊天、打太極。水榭的棚架上開滿了串串紫藤花。也由於園中湖泊不小，儘管牌示明令禁止垂釣，不少當地人仍然攜竿前來，一人站立於一叢棕櫚樹之旁，好像一排標兵，我們看了不禁笑了起來。

偌大的公園已經沒有三國舊地的兵馬況味，大部分的園地如今建設成兒童樂園，天晴時，園中一片兒童笑聲。那才真的是「逍遙」的古津公園。

雖然，客觀說來，逍遙古津公園差遜於其他的景點公園，看遍奼紫嫣紅，其實素顏淨衫也是美的享受。

而如果對三國歷史有興趣，就還可以到附近明教寺內走走，周圍松柏挺拔，濃蔭蔽日，還很壯觀。寺內的曹操教弩台，俗稱「曹操點將台」，到今天為止已經有一千七百多年之久了。再如果你愛古味，就到三河古鎮，有八古：古河、古橋、古圩、古街巷、古茶樓、古民居、古廟台、古戰場。夠你尋思訪幽了。

幸福沒有國界

回想大清早，從蚌埠一路往合肥來，三小時的車程，窗外一片片看不到盡頭的田野，雨中春麥青碧，稻禾也秧針半吐，馬藍菜、油菜更是一畦畦氾濫。

我幾度懷疑我在安徽——我父親從小生長的家鄉嗎？怎麼好似我成長住過的臺灣嘉南平原？

田野一片水光，原來幸福沒有國界。人心沒有國界，嚮往沒有國界。

美麗的田野我的家，春風吹起遍地花香。

包公祠

蓮、廉、漣

清心為治本，直道是身謀，
秀幹終成棟，精鋼不作鉤；
倉充鼠雀喜，草盡兔狐愁；
史冊有遺訓，毋貽來著羞。

——書端州郡齋壁

這是書寫在端州官邸書房牆上的一首詩。修身勵志終成國家棟梁，有抱負的人絕不願枉道而行，跟惡人勾搭行惡。國庫裡的充實滿豐，是全民的福祉國家的依靠，然而貪官汙吏只恨怨著拿晚了來不及索取。史冊上多少先賢的遺訓，教導著我們後輩子孫要清廉、光明和誠實，這

大廳堂全景

萬萬牢記，不要留給後人羞辱啊！

誰會寫這樣耿直、毫無通融的文字給自己，掛在每天作息的牆面上？

端州在今廣東肇慶，包拯曾任端州知府。廣東端州以產硯著名，並且每年要向宮中進貢。包拯以前的郡守，總趁進貢機會，額外索取數十倍以贈權貴。

包拯到任後，便命工匠僅能製造限於進貢的數額。後來包拯奉調京畿，端州百姓感謝他的恩德，送他一硯，怕他叱責退回，偷偷放入他的行李裡，被他發現後便投入了江水中。傳說端州江上就有包拯投硯處。

文如其人，看來就只有包拯最配得這首詩的鏗鏘。人生的目的，不僅是為了生存，還需要榮譽的生活，榮譽才能彰顯人格的光輝。

包孝肅公——包青天

包拯就是我們熟悉的故事《包青天》中的那個主人翁包公。遊覽包公祠，走在清儉的祠堂中，對於這樣的一個人物，感覺更鮮活更尊敬。

來到包公祠，該敬稱全名「包孝肅公祠」，祠堂前一面白底照壁，繪著一朵蓮花。其實整個祠堂都是白牆黑瓦的樸素。

這包公祠是一八八八年李鴻章重新修建，原先地上的包公祠堂毀於太平天國戰火中。白牆黑瓦構築的封閉式三合院，入正門即是大廳堂，「寒芒正色」橫匾下，端坐包拯高大塑像，左右側則有張龍、趙虎、王朝、馬漢，這是大家熟悉的景象。

在臺灣電視劇《包青天》曾連播數年，主題曲一出場時，再忙碌的人家也速速跟著包青天一起憂樂人間世事。

一個個熟悉的故事，在祠堂內的蠟像館裡也具體上演。大怒的太后和公主，畏縮一隅的秦香蓮和孩子，被王朝馬漢抓住手臂的陳世美，因貪圖榮華，不僅不予相認妻兒，還命人殺害已經打算返回鄉里的她們。面對皇親權貴的驕橫奸巧，包公自摘烏紗帽，堅持為民請命，維護國法。最後終於讓陳世美認錯伏法。

祠堂中的故事塑像，令我們重溫這些個自小就百聽不厭的傳說。

根據歷史的記載，包青天是這樣的一個人物——

包拯（西元九九九至一〇六二），宋朝合肥人。性情峭直，厭惡官吏苛刻，作事務求敦厚。年少讀書時刻苦讀經，舉進士後，皇祐二年（西元一〇一五）宋仁宗除授龍圖閣學士，歷知開封……立朝剛毅，京師地方的人有一句話說：「關節不到，有閻羅包老。」明白的說就是天下事無法打通關係的，只有閻羅王和包大人兩個。

包公不但確有其人，而且他的行事為人，跟影集中的包青天也十分吻合。

偉大的人物都有很多的傳說和神話，他的政績有種種傳說，當然他的出生之日更富傳奇。傳說：

他出生的那一天，包老爹夢見半空中祥雲繚繞，瑞氣氤氳，一道紅光中，跳出一個青面赤髮滿口獠牙的怪物，左拿金元寶，右執硃砂筆的朝他奔來，他才驚醒過來，卻見老婆生了一個小黑仔子……

在戲劇上的包大人，除了黑臉之外，在眉心上方有一道彎月記號。他不但審理人間案件，也下地府查陰司，與仙、與人、與鬼，都可坦誠相待，被稱頌為是人上人，是鬼中仙……傳奇故事讓人們津津樂道、嘖嘖稱奇。那些傳奇，沒有人會去真正辯證考據，因為在人們的心目中，他是「鐵面判官」的化身，是「正義無私」的象徵。

明人寫作了有《包公案》一書，又稱《龍圖公案》，彙集有關包公斷案的民間傳說故事，沒想到那些故事一代代以繁簡本、以文言本、以白話本、以小說本、以故事本，……現代更以電視本、連續劇本等的形式流傳廣遠。

這樣一個曠古的偉大人物，生於安徽，應該是安徽人同感驕傲的。

鍘刀與廉泉

同時，隨著包青天的故事，祠堂上光屏的「鍘刀」也享有令名。「開鍘——」，天地正氣，一聲迸出。回想包青天影集，每每演出到包公站起，敕牌一擲，棒喝一聲「開鍘——」時，我就好像如釋重負般的高興，哇，壞人死了，好棒啊！鍘刀好厲害呀！

此外，包公祠東側花亭裡，有一口古井——「廉泉」。

傳說：這廉泉有一個特別神奇的的方，就是會因飲用者不同，而有不同的味道。清官喝下，清冽可口，甘醇香甜；但是貪官喝下，則苦澀難嚥，芒刺封喉，頭痛欲裂，無要可醫；至於一般老百姓飲用，則會解渴。

聽得這樣一口井，我們，當然迫不及待。

上得廉泉，井沿是黑褐色的青石，石壁內側，有一道道被井繩勒得極深的溝痕。團友一個個向井中探頭。友人嚷著：我看到自己的影子了耶！

能照見影子，當然水有一定程度的清澈啦！

來到亭中，看見亭子頂上有一個龍的浮雕，清廉的人有神龍保佑！

關於這口井，另有一個故事：

龐太師一直想要給包公難堪。上朝時當著仁宗和太后的面前，說包公給自己的子孫偷偷鑿了一口井，嫌皇帝賜給他的河水還不夠。

包公說：鑿井方便日常飲水之用，此井百姓亦可使用，非包家專用。

龐太師仍要再說三道四的時候，仁宗母親皇太后問龐太師：河水、井水，哪個清澈？井水哪！

對囉，給子孫清澈的水飲用，有什麼參劾不對的！

包公圖像

包公的額頭，真的有月痕嗎？

你說呢？感情上我相信有月痕。

理智上呢？

且看祠堂中這張圖相吧！

祠內陳列館以及包公祠文化長廊上，都有張包公圖相，包公慈眉善目，文雅儒白吧！

四庫全書裡收有《包拯集》，全名《包孝肅公奏議》，收羅了包拯一生中所有的奏摺、陳表和各種各樣的建議，為研究包公和宋代歷史的重要文獻。

考古界的報導，包公和他的夫人董氏墓、長子夫婦墓、次子夫婦墓、孫子墓都在這合肥大興鄉雙圩村，淝水岸邊的墓誌銘確鑿的記述了包公的生平，補充和修正了一些史實。可是，世人所熟悉的則是河南鞏縣宋真宗永定陵附近的包公墓。地陪說合肥的才是「真的」。

包公怎會有兩座墓？

合肥出土的包拯墓誌銘中記載了包公以大義為重，敢於上書皇帝的事跡，他管轄過的地區，一方面廢除苛捐雜稅，修改地方法制；另一方面加強市場管理、懲辦貪官污吏，以增加國庫收入。他執法如山，自身廉潔，得到太多太多甚至後世人民的尊敬與讚揚，這才是包公為什麼有兩座墓塚的原因吧！

包拯是合肥的驕傲，合肥也素以「包拯家鄉」聞名，其實包拯是中華民族的驕傲，他已經成為公正法官的經典形象。

流芳萬世　人間典型

美麗清秀的包河公園內，臨河而建有一座小亭，叫流芳亭，包公從小讀書遊戲的地方。

文化長廊內還有包公一生經歷的彩繪圖，包公病危時家人環跪，那時包公才六十三歲。團友莊老大說：謹嚴太過，壓力緊張都傷身，清廉勤正所以勞累欠營養，積勞成疾，所以一病不起。

包拯在中國老百姓心目中是一位崇敬的神。在許多地方都設有紀念包公的祠廟，跪拜上香的人絡繹不絕。其實歷史上有許多偉人，一直在我們心中保有一種完美而崇高的形貌，他們似乎與我們同在，在我們身邊讓我們學習。

遺憾的是，漫漫千年歷史長河，又是第三個千年，為什麼再也沒有出現第二個包公？

旅遊合肥，最重要的最有意義的，莫過於瞻仰包公墓、拜訪包公祠、追憶包公事跡。

青史上你留下一片潔白，一身傲骨，為百姓。

政治清明時，人們懷念你。

世道衰微時，人們更懷念你。

李鴻章故居

一早上的落雨，午飯後仍滴答的敲響路面。我們決定改變行程，參觀李鴻章故居去吧！

穿過合肥大街，轉進淮河路步行街中段，行人川流的熱鬧商區和現代廣場，一抬眼就能看到一壁高牆擁護著的一座大宅。

照壁高牆，兩扇高大厚實的朱漆大門和門前一對威武的石獅，顯赫雄視。

顯貴的大清江淮官宅。

雷雨隆隆，聽來有如歷史上的戰爭，一方追逐，一方遁逃，雨中淋漓的總是拼命沙場的士卒。

李鴻章故居，照壁高牆朱漆大門和門前石獅。

李鴻章生平

入門大廳裡，有著介紹李鴻章生平事蹟的文字和圖片。

如同大部分的中國百姓，李家先祖靠著勤儉而由貧升富，買下二畝田地；後父子苦讀，同榜考取進士。典型的中科舉、光宗耀祖，從此昇平。

父子同中進士，同赴京城，有目標的「遍交海內知名士，去訪京師有道人。」又入曾國藩幕府襄辦營務，曾國藩教示他：「少荃，既入我幕，我有言相告，此處所尚唯一『誠』字而已」。

咸豐三年（一八五三）初，李鴻章得知太平軍入安徽的消息後，連夜趕寫奏章，於是咸豐帝派任他做安徽團練大臣。

機會由自己爭取。～啊！我從李鴻章身上得出的第一個感想。

書生帶兵，數年團練，雖無戰功，李鴻章已學得為將之道：不在一時勝敗，不逞匹夫之勇。時時蓄積待發。我從李鴻章身上得出的第二個感想。

咸豐十年，太平軍迫江南，清廷失去整個長江下游的最後一支主力。這時，李鴻章立即招募了合肥西鄉的諸部團練、頭目等，建立聯繫，也就是初具規模的淮軍了。也因為太平軍的腐敗、疏墮，種種原因和時運，淮軍在後來的起義鎮壓活動中，取得節節勝利，身受重視，他一手創建的淮軍，也成為國防上的要角了。

宰相合肥天下瘦

清朝就有股票！

廳中展示著漢冶萍鐵礦場的股票。還有機器製造廠、鐵路局辦……的股票，哇！李鴻章很有生意經濟頭腦せ。

只是不知那時甚麼人可以買股票，或是入股當董事？

答案揭曉：淮軍關係人。

提拔自己人，內舉不避親，外舉

汉冶萍煤铁公司股票 1908年，盛宣怀申请合并汉阳铁厂、大冶铁矿和萍乡煤矿，组成汉冶萍煤铁厂矿有限公司。它是亚洲最大的钢铁联合企业，号称“东亚第一雄厂”。

哇，清朝就有股票！

關係人。

因為成功調解天津教案事件，李鴻章被任命為直隸總督，兼任北洋通商事務大臣。以他為領袖，由淮軍將領、幕僚、親屬以集一批志同道合的官僚組了懷系集團，清同治十一年（西元一八七二）年底，他首創中國近代最大的民用企業——輪船招商局。以後陸續有第一條鐵路、第一座鋼鐵廠、第一座機器製造廠……。辦洋務中發足了洋財。多參與才有機會，我得出了第三個感想。

有人戲稱李鴻章是現代幫派的幫主老大，一直到現代都掌有堂主勢力。最令人詬病和不齒的是：李鴻章所培植的人選是自己的兩個兒子以及乾兒子盛宣懷。十足是魏晉時候上品無寒門的再現。

濛濛春雨如簾，隔掩著走馬樓。

難怪窮苦的老百姓要說：宰相合肥天下瘦。據說李鴻章絕命時有四千萬兩銀洋遺留子孫。故居自南向北依次為大門、過廳、中廳以及內眷所住的走馬樓。我和先生愈走愈無勁，挑了些繡片、木雕小品看看後，我們就站在走馬樓下看雨勢。

濛濛春雨如簾，隔掩著精雕的走馬樓。

我不是忌妒有錢人。很多人用「李府半條街」這個說詞來統說李鴻章故居。歷經百年的風風雨雨，依然保留它獨有的風貌，在文化大革命破壞中，也幸因當做農工宿舍而未遭砍斷。改革開放後，合肥市政府又稍加修復，成為現在大家看到的這規模。雖然現存規模已不到原來的十二分之一，這等氣勢來推溯，滿清時那家丁僕人穿梭，官轎來去斥喝，對照著在一再割地賠款腐敗政府下苟活的百姓，

遍地腥羶，嚴徵苛稅。北洋艦隊糜費千萬兩黃金，卻不堪一用不能一戰，早該切腹下臺了。

「拜託，出來旅行，不是出來生氣！」

沒辦法，出身眷村的女子總是「義」憤填膺。

看看建築長廊上的斗拱、廊柱，精緻哪！走一回小木樓梯，看看張愛玲的照片，心裡想著回去找一篇張愛玲的〈老屋的感懷〉來讀一讀。

沒有甚麼留戀。走出李鴻章故居，雨中散步，淮河路的天光和雕塑，在雨中有著天然的光彩和倒影，穿梭著傍晚下班、逛街的人潮，我覺得十分有趣，才恢復了活潑亂說話的本性。

安徽名人館

合肥西郊風景區內還有一座安徽名人館，展出史前到清代各朝的安徽歷史名人，有老子、莊子、管仲、朱熹、包拯、周瑜、詹天佑、戚繼光、胡雪巖、吳敬梓等，配合聲光、照明，採用電影藝術的手法呈現，其實安徽具有悠久年歲，應該有更多傑出並影響歷史的人，有時間值得來走走！

肆

仙鄉潛山

潛山，仙鶴的故鄉，有七仙女居住天柱峰頂，李白遠看一眼，便鍾情為垂老的歸宿地；不苟言笑的王安石，竟然說夢中相思的也是她。

天柱山

樹上的鳥兒成雙對，綠水青山帶笑顏
從今不再受那奴役苦，夫妻雙雙回家園
你耕田來我織布，你挑水來我澆園

走在潛山縣的街道上你就能聽到《天仙配》裡的黃梅曲調。天上七仙女中的小公主愛上了凡間賣身葬父的窮小子，一夜之間織成了一百匹布，三年長工改成百日回鄉，這是回鄉路上歡喜的歌聲。

《七仙女》或《天仙配》的故事就孕育在潛山縣。潛山縣不論男女老少人人會唱黃梅調，而且津津樂道這感人的愛情故事。

中午在潛山縣的川鎏大酒店用餐，因著盈耳的黃梅小曲，一般的徽系菜色吃起來格外有味，聽說京劇大師梅蘭芳就是潛山縣人，京劇的前身也就是來自徽劇。

從合肥到潛山，路途不算近，沿著長江邊過安慶，安慶迎江樓一路相送，進入潛山縣，潛山雖是七分山城，但那一分平野，仍令人愉悅，我始終認為先有愉悅的心情，後才有嘹亮動人的歌聲！

來潛山縣，為的是來拜訪天柱山，天柱峰頂有七仙女居住，天柱山是安徽省簡稱「皖」的發祥之地。

安徽簡稱皖，因為這座天柱山。天柱山，李白只是遠看一眼，便鍾情為垂老的歸宿地；不苟言笑的王安石，竟然說夢中相思的也是她。

她究竟何等模樣？何等絕色？

說真的，我這個安徽女子不知道，問了很多愛玩的朋友也說不知道。

周武王以天柱山及其周圍土地封給大夫皖伯，稱為皖國，皖伯勤政愛民，儉樸敦厚，皖伯大夫的德政後人念念不忘，就把這座山稱為皖公山、皖山，流經山下的河水叫皖水。

由天柱山路進入天柱山區。四十多分鐘的盤山道上，眼睛一刻也不得閒著，松樹、柏樹、雜樹林和藤蔓，一叢叢一堆堆，長得十分豐繁、壯旺，隨著登山高度增高，山風、山嵐也鑽進車窗來。車開得很快，一會兒山前一會兒山後，但卻全在這天柱山範圍內。地陪的小姑娘說天柱山西北襟連大別山，總面積有一三五．一二平方公里。光聽一串數字就迷糊了，到底多大的範圍呢？隊友莊老大說：你想有多大就多大，眼睛裝下多少才算數。

想想太有道理了，誰還困惑這面積上的問題ㄚˋ？

在一千多年前，天柱山的知名度可要超過黃山，它曾被漢武帝劉徹封賞過。自潯陽（今九江一帶）順江而下時，只見一峰如柱倚天，倚天堂堂高立，正是君王的慾想，於是武帝登臨天柱山，傳令封天柱山為「南嶽」。傳說祭嶽時，甚至「五嶽雲中出現」，臣民高呼「萬歲」，所以當地人也稱此山為「萬歲山」。

終於來到山門口，綠綠的海峰上，擎托幾座峭楞楞的花崗岩山頭，那山頭似乎俯瞰睥睨，以一種冷然、本真的眼睛看著山下的喧囂和偽飾。

下車，往空曠地方一眺望，長條帶狀紅色岩巖的山峰一個接一個。

第一關　天柱山索道

綠樹梢頭近在腳下，距離是美麗的加分，部分削陡的斷崖上，厚軟的綠在上面凝抖著或流瀉著，從山腰流瀉到山底。

由於四月這山裡還下了一場暴雪，報春訊的辛夷花至今還只是包蕊纍纍。

然而讓我驚訝的，下了第一關天柱山索道，老樹平屋，屋前晾曬著衣褲、農具，其間居住有很多山民和茶農呢！

山澗、水流，屋厝、杉柏，倒映、佇立。

「索道口那邊的大房舍，一間一間，長年都被租走了。很便宜，租來避暑、養病。」當地居民說。

透過樹間的窺探，遠處煉丹湖表現出一種距離感和化外仙境感。我肯定這裡是個養生的好地方。地陪說：安祿山叛亂，唐玄宗攜楊貴妃出逃蜀中，那時候李白就到天柱山來靜靜地讀書、煉丹。狼煙兵亂，李白真的這樣選擇過嗎？當然，李白並沒有煉成丹，不然，就不會有後來的參加璘王造反的事了。

攀登山道旁，極遠處，峰頂有巨石很像一隻鸚哥，得名鸚哥峰。與天蛙峰並列的還有蜒蚰石和羊角石，一峰峰登上去，遠看四周，雲翻峰湧，真是大千氣象。

第二關　青龍澗索道

不可以走遠了，這才是暖身操而已。

回到青龍潭和觀日台，又準備搭第二關纜車。

入口處已有嵐霧微啟，這一會兒更要往雲深哪裡去？

坐上第二關索道，從低空中很清楚的看到另一番獨特，長條帶狀低山的紅色岩，多得驚人，也讓土壤少得可憐。針葉森林在土壤中生長，更在石頭中生長。索道一柱一柱往高處去，縹緲的遠處山下有梯田、大河，然而眼前，大怪石、碎屑石、瀑流，卻愈看愈有個性。

天柱山是座有「個性」的山。

皖公神像

處處陡峭的堅硬山壁。

見不到房舍，一下子就把人的全部感覺收來了。

撫觸岩壁攀走。地陪說這山裡大部分是超高壓硬玉岩，而且有個氣勢磅礴的名字叫「通天谷」。

高額細眼，挺鼻樑，緊抿嘴的皖公神像。

穿過通天谷，穿過象鼻石。我們選擇了從觀景臺這條較直線的山路上去，即使是比較捷徑，一路上已經是叫苦連天，造物主開天闢地的鑿痕，處處讓我們折服，有人已經喊腿痠了、腰疼了。總體來說天柱山有點黃山的特徵，山峰多是光禿禿的石頭林。

「快看到皖公神像了」，漂亮的潛山解說美眉直呼喊著我們。期望是最好的興奮劑，大夥兒很快樂的張望，沒有人說不想走啦。就在一出神秘谷的松林旁，果真看到了「皖公神像」，高額長細眼，挺鼻樑，緊抿的嘴，從山徑透過松針林的角度看上去真的很像個威嚴的國君。

這是安徽簡稱皖之來源的山，象徵父親的山，嶙峋堅強，卻也慈祥復罩。

「百分百像。」不知誰冒出的？

哈，真吹牛，誰看過皖公國君本人啦？

當然大夥笑開了，精神也來了。

神祕谷　逍遙宮

山，原來是由岩壁的骨架支撐起來的。一進神秘谷，先在暗洞中穿行，我不知道抓著誰的衣角，那個夥伴應該很辛苦，被抓扯得的很緊張。出暗洞後我歡喜的上高爬下拍照，根本忘了道歉或道謝。石梯石欄，洞連洞，洞套洞。古蘑老公跟著潛山美眉：「這也是『天柱一絕』，神秘谷長約五、六華里，……等會還有更細窄的坡段。」

「陳亞南，陳亞南，你給我看路走……」唉！老公想起我了。哈，不甩他，我怕高不怕黑。倒是一直聽到楊胖胖哎喲喊，他已經要救命了。形態奇異的洞穴一個接一個，從高縫中透下一點亮，有些洞內還要低頭彎身；可是一出洞口，洞口風景光明奇特，每一角度殊異，又讓人激動大喊。

難怪明代詩人李庚贊說：「天下有奇觀，爭似此山好。」出神秘谷還沒什麼喘息，就來到逍遙宮。別給逍遙兩字迷惑了，痠疼的腿還要再付出疼痛代價。

然後真的逍遙了。大山谷像手掌般外伸，從這大手掌石台上，我們能夠看到山的形貌，遠遠的就能看到稜線把一座一座的山連起來。萬里無雲，稜線描繪在天幕上，升成山的雄偉圖象。淡淡的幾乎緊貼天邊的山峰，老遠的像老朋友在呼喚著。

李白可以來此終老了，這裡他儘可綰結他的三千丈白髮。放聲高歌：「奇峰出奇雲，秀水含秀氣。青冥皖公山，巉絕稱人意。」

天柱山獨特的地貌景觀怎麼這個樣子呢？爬得腳痠大腿痛，卻下到了龍宮裡。真的是龍宮？

二十六億年前，天柱山地區是一片海洋，到了二點四億年前，老天強烈的大踢腿伸懶腰，天柱山浮出了水面，斷裂、崩塌、流水及風化等地質作用，建造了豪奇的龍宮殿宇，龍宮裡也自然是百拐千彎，溼滑神秘，當然凡人來到龍王別府，少不得要彎腰哈背，撞頭和俯地。

天柱松　飛來峰

你愛看松樹嗎？

天柱山上也有奇松呢！

看到這裡的樹棵，真納悶它們的先祖是怎樣跑上來的？尤其飛來峰半山腰處的那幾棵粗壯的青松，真令人納悶啊！莫非松子身懷隱形的薄翅，騰空飛躍的絕技。一棵天柱松，被封為天柱松王一千四百年，用根鬚緊緊抓住岩石或崖壁，那麟爪般的枝幹，茂密的葉叢，頗有黃山松的氣韻；還有另外一棵盤根紐幹的逑龍松，特別具有飛天的美感，也有三百五十年了。

尤其這一片陡聳的山巔，滑光的花崗岩壁，沒有人能夠攀登和靠近。

遠遠的拍照，遠遠的瞻望。別以為那松看得清晰就在身旁，其實可遠在山岩上！

松根之美，在於山巒的能量和姿態；山巒之美，在於天地的能量和姿態；每一棵巨松都替人類保留了某些記憶吧。

飛來石穩穩當當地停駐在飛來峰頂。

黃山有飛來石，天柱山當然也該有飛來石！

這什麼邏輯？天柱啊，一柱擎天，百山列坐，怎會少了來自龍宮的石塊令牌！

天柱山的飛來石要比黃山的有趣味。

怎說呢？

天柱飛來石從南面看，如帽如笠；從北面看，如棋如磨；從東看，如球如拳；從西看，則如牛眠虎臥。

大衛變魔術嗎？

飛來峰的西部的石壁上，由於泉水瀑布的長期侵蝕，形成一塊石鱗斑斑酷似「龍鱗」的斑塊。解說美眉教我們仔細看：那週邊輪廓與現在安徽省地圖的輪廓有著驚人的相似！那是淮河，那是長江……。我伸長了脖子，很認真的看，好像等會要考試一般。老實說，我能想像，但是不太能看得出。

在飛來峰峰頂，東西方有兩個觸角狀的巧石，中間平坦一塊方桌狀的石板，兩塊巧石像兩位老者各自向後微微傾斜，好一幅悠閒自得的神態，多情又愛窺視仙界的凡人說那是「二仙對弈」；再從東向西望，有似一彎新月掛在藍天的，叫寶月峰。

天柱山裡太多山峰了，難怪有人說：天柱歸來不看峰。飛來峰是山中的第三高峰。看到飛來峰，許多人都十分驚奇，同時又有一份擔憂：萬一哪天颳龍捲風，把那個飛來石颳下來，可怎麼辦？

放心，放心！傳說那可是太上老君，運用法力，自東海龍王處借來的一塊鎮妖石，壓得西海裏蛇妖鰲精不得興風作浪，從此雲蒸霞蔚，世間仙境。

又傳說清朝那個愛下江南的乾隆皇帝來到天柱山，並不相信這個飛來石是從九天之外飛來的。真命天子開口隨興吟誦道：「飛來未必是飛來，定是世人胡亂猜……」。

哪知話音未落，頓時電閃雷鳴，飛來峰上烏雲蓋日，飛來石隆隆作響，將要飛起……嚇得乾隆皇帝趕緊改口道：「飛來一定是飛來，不是世人胡亂猜；既然飛來又飛去，何必當初要飛來」。

話剛打住，天空立刻一碧千里，祥雲繞騰。

天池峰

出飛來峰，還要再往更高處去，可以這麼說：山谷縋著山谷，你又縋著山谷，你根本在山谷的掌心裡。

就在疑惑著山有多少掌紋，有多少筋絡，長在半山崖上的有幾棵開白花的莢蓮，開滿一樹的細碎花朵，正好伸手可及。小花是雪白的，在粗黑枝柯上，顯得更小、更白、更晶瑩。千千萬萬綴滿一樹，還以為新雪初覆。

透著藍天黑岩，串串閃爍！

太漂亮了！

想起前人的詩句來：竟日尋春不見春，芒鞋踏破嶺頭雲；歸來手把梅花嗅，春在枝頭已十分。一朵花就能見一世界，這一簇簇的小白花，豈不宣告著無限？這時有人連聲嚷著：來拍天池啦！我要跳天池了，你拍不拍？

什麼，有人要跳天池？

全團的人幾乎都圍聚在一起，圍聚情形就像籃球賽前選手手臂搭手臂彼此加油那般。

在做什麼？

看天池！

天池這樣看？

我聽得老公說：量量多大？用手掌！

聽說天池峰頂有一泓「天池」。「天池，多大呢？」我才要鑽進人縫，就看到小李伸出手掌揮動。這麼大，這麼大。

天池歐？我蹲下來疑惑著：一個小小的池子，不過A3影印紙大小而已耶。不過，我想那是海龍王留下的，從億萬年前海中升起來的，就覺得不同凡響了。

僅管天池令我疑惑，不過站在天池旁的渡仙橋上近望天柱山頂，確是很神奇的感受。遠眺鶴駕峰，據說鶴駕峰真的是七仙女的故鄉，每年仲春（二月）都有數千隻白鶴由西南方向飛來朝拜天柱峰，在峰頂盤旋翻飛。難怪，潛山居民都相信大仙配的故事，好像男主角就是自己般的真實。

天柱峰

進山前，曾在一堵牆壁上約略看過整個天柱山的游覽路線圖，知道應有許多景點排列著，一直排到最後就是天柱峰——壓軸好戲！

妙的是，看天柱主峰最佳位置就在這天池峰峰頂，好像戲臺前的貴賓席次。主峰直聳雲霄，如「擎天一柱」，因而得名天柱山。這根「柱子」有一千四百五十米高，還有就是天柱峰，我們來的這天天氣太好了，氣溫本該很冷卻只有微冷，使得天柱峰時隱時現，誘惑得我們搶著拍照、磨蹭。

雖然說天柱峰，海拔一千七百五十一公尺，它凌空聳立，渾身石骨，嶙峋奇絕，如柱、如錐、如樓臺，孤峰突起，正面崖壁上，鐫有「孤立晴霄，中天一柱」八個大字，據說根本沒有遊客曾經攀登上過。

江淮多雲霧，主峰全年約有一半時間在雲霧裏。

真的嗎？我們怎麼看不到雲霧？

大夥有些遺憾的喟嘆時，天，突然冷下來，忽的雲霧兜頭罩來。有一陣微、微、微的冷雨吹在臉上，摸摸臉，太好了，雲霧在變裝，所有的山頭也開始探頭探腦地打扮。後面的隊友一骨碌向前來了，跨過渡仙橋，都齊聚來了，眼前出現難得的虛幻畫面，團團霧氣橫過山谷，倏然間，便把天池峰、天柱峰給浮托了起來。

飛翔的山。

飛天的霧。

有雲海，有霧霰，當此刻霧自眼前蒸蒸蔚集，不得不相信了。尤其看雲霧漫延披靡，天柱

天柱擎天曾有南嶽之讚。

峰、天池峰種種風貌都改變了，天柱伶俐，天池活潑，飛來溫馴。都一同在亙古時間的大原野上奔馳，揚起了風，帶來了雲。

雲霧縹緲，截然不同的景觀。大家翹首等待中翩翩降臨，更讓我們絕對不肯返身離去。雲和風，從左向右飄；從山下向山上昇，把山的腳腿給遮掩起來，山像是開始奔跑，然後更多成團的霧縷或煙嵐跟著，在山的頂端或浮動或輕移，飛天的散花仙女來了，霧縷嵐披，繞著山的腰際，仙鶴應該也要來了，有輕輕的音樂，有清清的淡香。

鬍子小哥、莊老大紛紛架起長鏡頭。不捨得下山了，他們本來就是來攝影的。為了雲霧而堅持登臨山巔，為了雲霧而流連佇足山巔。全團人圍站在欄杆前，屏氣凝神。

嵐霧，常常在人們還沒有注意的時候悄悄來臨；而這天柱雲霧卻在我們目瞪口呆中隆重的自舞台上升起。

有人說天柱峰屹立在群峰之上，太陽一出地平線，最早一縷陽光便投到天柱峰尖，所以天柱峰也叫朝陽峰。又有人說：天柱峰如同筍子尖，春筍出土，春臨大地。

可是這一時辰，大家都認為天柱山是天柱，在雲霧中更顯威儀。

我靜靜、敬敬的站立平坦處，山啊、雲啊、鳥啊，都一起屏息了，靜靜地了。再不想挪動了。一種難於言傳的美麗和寧靜！

石瀑布石蛋糕

再不想挪動半步了，就這樣站一會兒。

遠遠一溜大峽谷，九井河與瓊陽川流域交匯，形成好長好長的一道石渠溝陷，然而清泉飛瀉那些石上石中，是瀑布，也是急湍。

站立得太久，先行的隊友直呼叫著殿後的我。一億年來天柱山從形成—隆升—剝蝕—侵蝕等等翻覆的地質韻動，我一時半刻怎能看盡？

再回頭看看山中特有的石蛋糕、石瀑布，一塊塊大石，橢圓光滑的像大蛋糕；很多深深的水痕遍佈幾個好巨大的岩石，形成石瀑布的奇景。流水淙淙不絕的自山的深處竄躍出來，竄得滿溪浪花，滿谷白璧，水浪自巨大的石塊間沖流直下，然後一塵不染的朝著山下流淌。還有一塊好大的扁平石塊「擂鼓石」，站在石上輕輕一跳，就有雷聲隆隆。

這個時候，我心目中的山流，該是多麼神秘，多麼令人臆測！

總關寨西關寨

下山了。下山時候我們選擇另一條險峻的石階下坡路，要通過總關寨、南關寨。走過古砲台，一尊生鏽的古砲架在一座石塊上，古砲指向哪？

好奇的往下一瞧，哇！一座現代化的水泥寨直垂在山谷裡，那就是總關寨。再不經意的一望，才發現緊接下來的路可真要命，窄陡九十度的石級。

「一〇八級」

「不信？你數！」鬼扯啊，兩腿都有些抖顫了，顧命都來不及，哪能再計數？

石階實在垂直太陡了，只有捱著岩壁走，可以壯些膽，宣姐和楊胖胖索性用倒退的方式抓緊扶欄，步步為營。

總關寨、南關寨，就是作戰的營寨。什麼，在這樣的山溝裡作戰？

資料上說：南宋末年，義民劉源在天柱山區率十萬軍民結寨抗元達十八年之久，失敗後天柱山遭到掃蕩，劉源本人則犧牲在天柱峰下。

明朝末年，張獻忠與官軍也曾多次以天柱山為主戰場進行慘烈的搏鬥，佛光寺等寺院都付之一炬。走在這奇險山階，真不能想像：連攀階梯都要一梯一喘氣，哪還說掄起大刀斬敵？

受到血與火的蕩滌，天柱山怎不嘆息？這也道出了多少戰亂曾在這一塊沃腴的土地上肆虐。

天柱晴雪

下山時候，路邊有婦女賣娃娃魚和雪湖貢藕等的珍貴藥材。中午的菜餚裡就有甜糖藕，天柱山的特產之一就是雪湖貢藕。潛山縣的貢藕，鮮甜脆嫩，白而修長，有三、四尺，像美人的手臂，可惜我們來的時候，還對不上時節。

天柱山峰巒奇偉，雲霧飄忽，垂直變化的氣候，很適宜藥材生長，所以黃蓮、白術、貝母、黨參、首烏、天麻、半夏等好幾百種中草藥，都能在山中採得；尤其天柱靈芝，生在峰巔石壁上，可治神經衰弱和嘔血等病，十分珍貴。山中人家攔阻我們向我們兜售，我不識藥材，只能搖搖頭。

至於娃娃魚，怎看去有些像是蝌蚪？問問那位婦人：真的娃娃魚嗎？

婦女一笑，隨口說了幾句難聽懂的當地話。

色彩斑斕的娃娃魚在瓶裏停佇不動，像是依戀這裏的仙鄉之美，我怎忍心以區區價錢剝奪？

晚餐餐廳販賣著的安徽名茶甚多，老公走過來踱過去的觀察、詢問，據經理說安徽名茶產量占全國第二位，特別是潛山的天柱晴雪茶，更為安徽名茶之秀，那種茶濃郁芳香，開湯之後，茶汁清綠明亮。由於它旗槍挺直，渾身白毫，所以被冠上「天柱晴雪」的美名。

我聽不太懂，卻很阿撒力的鼓動老公買一點來喝喝看。經理卻先慷慨的送我們一小包，兩杯茶湯的分量。

「天柱晴雪」很甘醇。睡覺前老公這麼說。是啊，蒼茫瀰漫的霧潮雲海，朝暉夕照，其他五彩繽紛的雲錦杜鵑，孔雀奇松、飛來怪石、飛瀑流泉，以及峽谷、幽洞、險關、古寨，所有的天柱美景都溶著茶香入腹入肚，令人樂而難忘了。

夜宿山中

清晨不到七點鐘，推開窗帘，聽到喧嘩的谿水聲，向東望過去，酒店屋頂上有特別明亮的晨曦，深深呼吸了一次暮春清晨微冷，但是卻令人頭腦興奮的空氣。有趣的是迎真峰、石紐峰、麟角峰、覆盆山峰、老獅峰等，各個都像探頭出來遊玩的老天真，蹲坐酒店屋頂一隅，他們也是昨晚入住的？

昨天走得好累，一路顫顫下山，沒有回頭路。幸好晚上住在山中風景區牧羊河畔的全力古井國際大酒店。

山區的夜氣溫較低，關上玻璃窗，仍感覺有山氣進得屋來，我瞪著窗外看，微弱的光點閃閃，猜想著是怎樣的山中人家，直到山林俱黑，所有草木全埋入夜幕之中，然後山中煙嵐伴我入眠，美美的睡了一個晚上。

說來整個天柱山區群山兀立，如兒孫羅列，在天子眼中可真如萬代子孫迴環拱拜。北緯三十度地區，因地殼運動的頻繁而成為地球的臍帶，複雜的地殼運動造成天柱山如此而多樣貌和可探索性。其實昨晚，我們在酒店大廳的游覽線路圖前已發現：我們所走的路，還不到天柱山區三分之一的範圍。

這一早的陽光真好，在酒店大廳外曬著金金的陽光，清晨的陽光還帶著天柱山的溼氣露水，沒有一絲飛旋的塵埃。忽而一隻小羊不知從哪兒竄出來的，跑進旅館前的廣場亂逛，可能是人們的笑聲喧語聲嚇到牠了，牠又向坡道跑去，那兒有塊野草地。酒店經理說這附近還有山豬，不過山豬害羞膽小，只是夜裡才出來。

小羊在陽光下閃著白亮的毛。看著小羊在山徑上左跑右竄，小李地陪來呼喚我們該上車了。低頭看看我的天柱山手記，雖然記下的各片段好像拼地圖般，但是腦中的形象卻是完整的。橫笛般低沉的樂音，餘韻在耳畔縈繞。

三祖禪寺

從古井國際大酒店出發，再一次嗜嚐石澗、瀑布、河流、藍天的溫存。經過十二公里的盤山路下山來，再走二公里才到得天柱山大門外。

接下來要到哪兒？

天柱山區還有一個著名的遊覽點：三祖禪寺。進入天柱山的南大門野人寨，上行不遠，就到達三祖禪寺。精確的該說：三祖寺位於潛山縣城西北九公里處的谷口——鳳形山上。鳳形山，唐宋以來人們慣稱之為三祖山。

三祖山一峰獨秀，翠黛蒼

三祖寺內有很多古建築：藏經樓、覺寂塔、立化亭。

鬱，東西兩側崗巒逶迤，向南蜿蜒伸展，對三祖寺呈環圍合抱的姿勢，使山前形成一個天然谷口。清澈甘冽的山谷流泉從三祖山西側谷底潺潺流出，滾珠嘎玉，泠泠有聲，向南經谷口匯入潛河。寬闊的潛水河像一條潔白的玉帶，自西向東輕盈舒展，繫於山前；而山坡梯田，如彩鳳展尾，和山水人家，渾作一體，構成了谷口的獨特風貌。

千年禪宗古剎

三祖禪寺，一名山谷寺，又稱乾元禪寺。

天柱山封冠「南嶽」後，成了世人仰慕的山；佛教、道教都視為「洞天福地」。

禪宗達摩祖師後的二祖也來到天柱山修行，後來繼承禪宗二祖慧可衣缽的僧璨（五一〇至六〇六年）師，更是終身隱居在這裏，安貧樂道，以禪宗的妙義開悟世人，所以世人稱這裡為「三祖禪寺」。一直到今天，三祖禪寺仍是全國著名的禪宗古剎。

寺前空地十分寬廣，讓人先把心境空廓出來。

兩尊精雕麒麟坐鎮山門前。

九曲迴橋引領信眾慢慢步向禪學靜空的方外。紫荊開得紅艷。

依山而上，一門高過一門，過解脫門，上大雄寶殿，整個禪寺簡樸肅靜，沒有任何彩繪花飾。

寺中楹柱，有毛筆書寫的：

人生為過客；世事為浮雲。

夜來補衲翦秋葉；曉起烹茶拾落枝。

純是人生滋味。

我站在殿前向山下眺望，山門巍峨，山林綿緲，溪澗蜿蜒，想像著一位持志脩行的僧者，倘徉松樹下，高枕石上眠，往來這一帶皖公山間司空山間，為四眾說法，直到合掌立化。

據我的了解：三祖禪寺至今已有一千四百多年歷史，雖然歷經滄桑，但是有幸保存下來的古建築卻不少：灰泥石牆、磚紅僧舍，寺塔雲牆。因為潛藏，韜光養晦，所以得以全志。有史料記載：這三祖禪寺供奉有無上崇高的百顆的三祖火化遺骨五色舍利子和很多寺僧靈骨墓塔。

古老寺廟，古老塔剎、爐香、鐘磬，穿梭禪寺間的磚石路，斑剝凹凸，彷彿連綴時空；不知怎的我們講起了很多小時候到廟裡玩的情形、廟裡聽來的故事，我和隊友還講起了廟裡聽來的愛情故事，津津有味，根本忘記禪寺的路遠路遙，惹得老公瞪著眼問我們：是來看古蹟的，還是來講話的？

覺寂塔

三祖禪寺面積範圍很大，往高處去一塊平坦院落，四周矗立著有古建築：藏經樓、覺寂塔、立化亭。

最有特色的建築是覺寂塔，又稱「三祖寺塔」。這座塔初建在晚唐玄宗時候，（七四五年），宋、明年間也多次修建。現塔分七層，高達九丈，每層有四門相對，兩虛兩實，有階梯可逐層登塔，每層外有環衛，可以憑欄遠眺四周景色。基於保護古物，這些塔寺都不能登臨了。幸好我比較喜歡欣賞屋宇的斗拱、撐柱，有仙樂菩薩，有釋迦騎座金身大象，僧舍的窗櫺呈萬佛象徵，都格外耐看。我在院中也遇上幾個洗衣的僧尼，笑著迎向，沒有黑髮覆蓋，整個臉龐圓整浮出。

出三祖寺，周圍有更清幽的況味，猗猗竹林，石板山徑。

有寶志禪師開山所居的寶公洞，有寶志禪師用錫杖掘出的錫杖井、卓錫泉，聽說至今泉水都仍然清冽，地方人士以及寺中師父都用它沖泡天柱山的雲霧茶，色呈清綠，味濃香甜，聽說也有遊人特別前來祈求一杯。

還有為紀念三位獻地為寺的高士而建的三高亭。傳說梁武帝時，高士何求、何點、何胤三兄弟不念高官，隱居在這裏建立何氏書院。後來他們把書院捐給寶志禪師改建佛寺，世人便建造一亭來紀念他們。

尤其近年以來，許多大師住持三祖寺。三祖寺先後建了無量千佛殿、圓通門、海會堂等佛教建築，更修復、開放石牛古洞和摩崖石刻。

僧舍的窗櫺呈萬佛象徵。

石牛古洞

沿著鳳形山而上便是古洞山門。山谷中累累大石，谷側陡岩直立，谷中流水潺潺，松竹遮天蔽日，十分蔭涼，瑰麗的景色被稱為「山谷流泉」。山谷門有一石洞，石洞前有一巨石狀如臥牛，稱「石牛古洞」。相傳，北宋文學家黃庭堅曾坐在這大石上讀書，並自號「山谷道人」，黃庭堅號山谷，來源如此。在這裏的一塊巨石上刻有黃庭堅的詩和同時代大畫家李公麟所繪的黃庭堅坐於石牛上的畫。不過，我請我的「想像」勞勞心，仍是一點看不出來。

還好「山谷」大字碑，明朝一位郡守胡纘宗題刻的；「香岩」石碑是清朝皖江郡守手書的，都能盡收眼底。我喜歡這一塊「解縛」。

有人問禪師「如何解縛？」

禪師反問：「有什麼束縛你的？」

那人竟豁然悟道。

豁然有悟，現實便微不足道，不值得掛懷了。解束縛而去，何處不自在？

再向西北沿石級登山，谷口前潛水碧波蕩漾，後依天柱群峰崢嶸。這裏林木蔥蘢，環境清幽，轉一個彎，天地一新；上一道嶺，風光又異。因為天地如此，李白、蘇東坡、王安石便都曾先後來此，都希望能在這裡安頓。

不怕苦難，出家是生命的另一個開始；紅塵行路也多的是艱辛苦楚。人生的街衢峰嶺折衝利銳，總有跌仆躓滯的時候，學業、事業、感情，無處不是關口，出家是，生死是，抉擇更是。

秋興亭

也許上天自有巧意，貶官、流放，自生命不能承受的壓抑下迸發吶喊，人間才留下了至性真情的作品或事蹟。千載猶存三祖山摩崖石刻，李白、白居易、蘇軾、王安石、黃庭堅……，應當封存了很多的悲傷和渴望；在陽光下，在幽谷裡，它們彷彿散發著幽秘的光。

這一片摩崖石刻林中，有一座顯目的近代白色小亭，那亭名叫「秋興亭」。

這山谷流泉摩崖石刻現存留下近四百方作品，那白色小亭有何特別？我們特別引領目眺，因為亭內的碑刻是來自臺灣的書法家謝宗安師所書寫的作品，以陽刻手法刻上杜甫〈秋興八律〉，因而這一帶，亭名「秋興亭」，崖名「秋興崖」。宗安師一生傑作，不計其數，而〈天柱山秋興崖刻石〉是大師於八十七歲高齡，以自創的分隸合體所書的唐杜甫秋興八首，每字大小盈尺，金石之氣洋溢，勁健奇崛。

遊三祖寺，漢白玉的釋迦佛像、迦葉、阿難像；銅質釋迦太子、千手千眼觀音、彌勒、韋馱像，我們以虔誠的心情一一觀賞；即使非宗教信徒也能喜歡這裡的幽古情意。

遊過了潛山縣的天柱山、三祖寺，是否還能再有第二次的拜訪？的確是不敢說準。但是，來過了，記住了這美好的印象，雖是初始，也是永恆了。

潛山縣的代表圖騰。

伍

詩情池州

翻開一本《唐詩三百首》到處都能感悟到池州的詩意山水。氣吞山河，笑談渴飲匈奴血的岳飛，來到池州，寫出的是：好山好水看不足，馬蹄催趁月明歸。

百荷公園

翻開一本《唐詩三百首》到處都能感悟到池州的詩意山水。且來讀讀這首〈清溪行〉說：

清溪清我心，水色異諸水；
人行明鏡中，鳥度屏風裏；

多麼情景交融的一首抒情詩。池州的真山真水，大多集中在清溪和秋浦沿岸，詩人寫的是清溪的水，人在岸上行走，鳥在山中穿度，翩翩身影都倒影在一川瀅澄之中，即使不得已遠遊他鄉，也能從山水

晨曦映照，公園內水光粼粼。

中得些撫慰。

還有岳飛氣吞山河，笑談渴飲匈奴血，他來到池州，寫出的可不是怒髮衝冠、瀟瀟雨歇，而是：好山好水看不足，馬蹄催趁月明歸。

池州，千載詩人地。流淌著詩的州縣。

池州自唐設州後，南接黃山市，東倚蕪湖、銅陵、宣城，一千多年的歷史，真山真水：清溪河、蓬萊仙洞、升金湖……孕育了一代代的詩人墨客。

畫眉導遊

來到池州，住歇的大九華酒店，正對著偌大的百荷公園。

池州整個州像池子，汪汪粼粼，這市區中的一個公園，也足夠詩意，令人遐想。

有一隻畫眉是最早的問候者，天色還暗冥的時候，牠就飛來站在窗外長聲啾鳴。我們醒來了，對於鳥聲十分敏感並熟悉的老公，迫不及待的就拉開了旅館窗戶，街燈霓虹燈還閃爍呢，那隻鳥已鳴報晴光了啊！

我們站在窗口仔細聆聽，好久好久。

「這附近不少畫眉，黃山畫眉是珍品，唱得好！」
什麼時候成了公治長會聽鳥語的？
好聽哪！
哈！不是只因好聽。厲害啊，高亮婉轉，旋律百轉。沒有汽機車聲，也沒有高分貝的人囂聲，完完整整的傳唱。
天亮了，畫眉仍興致的鳴唱，我們決定去看看牠昂首的模樣，林蔭間隙中，哪一柱長木是牠超級演唱的舞臺？我忽然靈光一閃：牠是度蘭朵公主。
終於我們看清楚了，牠的體積比臺灣的畫眉來得要大些。
牠從酒店看板條的飛向大馬路對面的百荷公園。
牠是來當導遊的。我跟老公說。
繞過荷池，繞過拱橋，都能聽到牠的演出，這樣的都市之晨，有鳥聲懸掛空中，湧動林間，我們樂於享受，也相信花草樹木都在側耳傾聽。記得剛剛出酒店時，問過服務經理，他說常年都有一隻畫眉。而這一刻，太陽已經高照了，度蘭朵公主仍昂然著氣勢。

公園舞台

我們決定跟進公園。

幾條林蔭路，把公園分成了幾塊天地，綠草如茵的陽光廣場，柔暉如水的月光湖面，小拱橋橫跨，一株株柳樹和我認不出的高樹，景致清和。

小酢醬花，都以舞蹈表演者的姿態拉開裙裾，登上了公園中的所有花圃，如靜夜中閃著星星的眼睛。

三方不算小的池塘，暮春初夏，荷塘裡留下的還是滿塘枯桿，殘荷莖桿橫豎的在池中，像是許多筆桿在水中書寫，有吳昌碩的率直、拙重，卻也有柳公權的三分銀鉤。荷的生態四季分明，春天朝露映晨曦，魚戲動新荷；夏天蓮葉何田田，小鎮添新裝；今年連三月都曾大雪，荷塘還沉在冬眠裡，這一刻間清晨的熹微曙光，使得倒影更耐人尋味。我們沿著湖邊，一直走到百樂橋、百樂塔前。

一隻鳥帶領我們前來，我們也沒忘記要梭尋他可愛的鳥影。春天枝條上嫩葉稀疏有致，散發嫩芽嫩葉的香甜，鳥兒就停在那高揚處，啾啾啾鳴唱。老公說：單音的昂長的是母鳥；多變化、有好幾種層次的，或會轉音的，就是公鳥。哇，口氣好像鳥知音！

轉過百樂塔，穿過花架，穿過園中廣場，我們看到公園一隅有簡明的圓形碑畫：還我河山的岳飛，耕讀南山的陶淵明，遙指杏花村的杜牧，包拯也曾任池州刺史、知府……都有畫龍點睛的圖繪說明。

「在公園裡複習歷史名人。」我們不約而同的笑著說。

秋浦仙境

要怎樣跟你介紹眼前的這一條河？

一條清澈的河流，名叫秋浦河，自黃山餘脈的青谷中流淌出來，幽幽流過一片漫漫山野，流過一片翠碧碧的土地。

山野裡全然沒有開發，茂林脩竹，河道中全然沒有沙渚，潺潺湲湲，漣漪漣漣。

李白秋浦歌

李白漫遊來此的秋浦河。

河道兩旁雜樹野花，花朵散放著芳香，秋浦河水也有淡淡的清香。一會兒後，流過一座二環拱橋，流水自拱橋下過，山靜聽水聲在河裡唱誦著詩歌。

河水的旅程，彎過一座山腳到另一座山腳，繼續著。

我們的旅程，也彎過一座山腳到另一座山腳，繼續著。

秋浦河發源於秋浦縣（今歸安徽省石台縣），到貴池杏花村才流入長江。所以當這條秋浦河出現在我的眼前時候，我真的有點不敢置信，我以為那只是行程上的誇飾，或攏上去好看而已！

空靈的秋浦河。

秋浦河，就是李白的秋浦河。李白有十七首秋浦歌。「千千石楠樹，萬萬女貞林。山山白鷺滿，澗澗白猿吟。」水勢潺潺。倒影淼淼。

我不敢造次了，專心注意，這河中的「水車嶺」在哪裡呢？這河中的「江祖一片石」在哪裡呢？

秋浦歌的第八首，這樣描述：

秋浦千重嶺，水車嶺最奇。
天傾欲墜石，水拂寄生枝。

水車嶺，水流激沖著陡峭的崖壁，會發出水車咕督咕督轉動似的聲音。

那應該是天籟啊？多麼有趣的河段！

秋浦漫遊

李白一生有幾次漫遊。

二十五歲時，離開四川，仗劍遠遊，出三峽、漫步襄漢，再南遊洞庭、金陵，又往太原，最後到了齊魯，這次漫遊長達十七年之久。

四十四歲時，李白離開長安，過了僅僅一年半的宮廷生活，再度遨遊四方，南北足跡更廣闊了：北至河北、山西，西至陝西、河南、南至安徽、江西。他走一路，喝一路酒，交一路朋友，讓酒香、友情、詩篇也灑滿一路。而漫遊到秋浦此地時，大約五十初歲了。

忽而，白鷺翩翩拂水旋飛。

有白鷺鷥耶！看到白鷺鷥在河中飛，雖然驚喜一瞥，悠然的一痕，卻歡喜得不得了。我一直引領瞧望，歡喜的叫了出來。

「水如一匹練，此地即平天。」

過去強記的詩文，這次帶來的小抄，真有用途和好處了。

尤其途中經過大演小鎮，「大演」大大好好的演出，秋浦歌裡也有其一：

淥水淨素月，月明白鷺飛。郎聽採蓮女，一道夜歌歸。

秋浦繼續流淌。靠近山口的那一段，河水流著流著躲不見了，夾岸的樹叢和探天的青竹給罩了起來。

其實秋浦河流淌的不僅有浪漫而已，唐代時候，這裡是銀和銅的產地之一，出產昇平富貴的象徵和裝飾，輝煌閃爍的金墜銀鏈。為了採銀冶銅，工人們連夜間都在工作著。

爐火照天地，紅星亂紫煙；赧郎明月夜，歌曲動寒川。

爐火熊熊燃燒，小小火星四濺噴射，紫煙蒸騰，黯黝廣袤的天色被紅彤彤的爐火照得通明，有著可以熱情投入的工作，有著可以酣暢同歌的夥伴，那是多麼幸福，李白在字裡行間飽含了讚美歌頌！

說來每件事情的發生都是因為先有某個因緣際會。我始終這樣認為：李白若肯以詩賦登科，肯從小官或教諭澤及百姓起步，一生的際遇又將會如何？

傻人傻性，有時還是福氣；小官小事，腳踏實地，常常也是福氣。

被憂愁壓得奄奄一息的人，常常藉酒來擺脫憂愁，在醺醺然的酣醉世界裡忘卻一切的煩惱。所以，酒成了「掃愁帚」，賣酒的店鋪常在門外倒插一把草掃巴，做為酒店的招牌，難怪愁眉不展的李後主要說「醉鄉路穩宜頻到，此外不堪行。」

其實，酒一定不解愁，不然怎會酒後還說「白髮三千丈，緣愁似箇長」？人生艱澀或災難、頑皮或發傻，都是生命的多樣。有時半點不由人，盡心就好。

餘波蕩漾

要告別秋浦河了，即使初識，已經難忘。

微風，河水微微漾著笑容，一點點波摺，讓兩岸的山影、玉蘭全給映得搖曳生姿，溪草落花，它們在溪面上漫遊，游向無涯，寥廓明淨。

秋浦河給人許多回憶，給人許多春天，我們在李白的詩裡感受流淌的春天，因為李白曾在這油綠綠的春水中療傷過、復原過，然後跳躍過、歡唱過、快樂過，也被這裡的春天垂愛過。那麼，讓我們也學得李白在這油綠綠的春水中跳躍過、歡唱過、快樂過，更熱愛自己一切的際遇。

牯牛降

我坐在夕陽下，湖上的風，輕柔的迎著我的臉。趕了四小時的車程，自黃山來到這——黃山市祁門縣和池州石台縣交界處的「牯牛降」。

遊覽小巴的狹小座位，早讓大夥兒坐得腰酸背痛，唉唉叫苦了。下車時，一個比一個行動快，這下可好，一下車，天寬地闊，再進來園區，湖光倒影，美得渾然忘卻塵俗，立刻來勁不累了。

近處前面，是一個勁兒蔚藍的大水。地陪說是牯牛湖，形成於山巒盆地之中。

好漂亮的湖，鋪雲疊霧，群峰環繞，碧藍

牯牛降是森林瑰寶。

作襯。若不要看那對岸的欄杆、木屋，那水簡直如海，海在夕陽光下，像灑滿了碎金碎銀，閃閃爍爍，對面不遠岸上的叢叢樹林，颯颯晚風如海潮和湖紋水波相襯。

怪異奇名

「牯牛降」，真是奇怪的名字。

說來老祖先為地方取名，其中的一個法則往往以那個地方的形貌命名，讓人很容易聯想出整個的地方。一個因著山形酷似一頭牯牛而有稀奇古怪名字的自然保護區，馬上可以就著牛的形貌豁然於心了，牛身有角，所以最高處有約海拔一七二七公尺的主峰，有牛眼，所以近山頂處有兩個天池湖泊，牛有肋骨、脊背，又可以推知有很多的臺地、澗谷等的自然山水風貌了。

夜晚下榻獨立門戶的度假別墅，充滿原木芳香，臨湖的這一邊都有獨立陽臺，當然隔間方面傳聲效果特佳，我們聽得漂亮的大張和乖巧的小張她們的大笑聲，約好明天晨起的聲音，也聽得屋外很多昆蟲的鳴叫，蟲聲唧唧，偶爾屋內也見串進門子的幾隻，這樣悠閒的親近原始森林和牯牛湖的美景，還真有趣。

第一線陽光昇起來，透明的穿霧而出，果然，隊上朋友有人已經在浮橋上大叫了。因為浮橋能通到另一邊的水庫，嘩嘩霸氣的水聲，致命的吸引這一群愛玩的人，人多勢眾，膽子增大，在外旅行，大張特別嫵媚，又笑又叫，竟把一個愛慕者莫名引來了。

這簡直是豔遇。喂！喂！形容錯誤。好吧，形容錯誤，但是亂惹桃花總是事實。山林美地，在其中的人也會變美。大張長得娟秀，個性活潑。那人以為她未婚，格外殷勤，從黃山山下一路帶著梨子送到山上，現在又緊跟著我們。

岔岔環連環

山勢陡峭，溝壑縱橫，瀑布飛泉。雖然我不懂當地民謠說的：「三十六大岔，

七十二小岔，岔岔環連環，大岔套小岔。」但是它的自然景色之奇，由此可以想見。我們跟著可愛的解說員小檀進入區內，她說牯牛降是石台縣的瑰寶，涵蓋了三十萬平方公里的森林原區。

你到過山頂上的原區嗎？我們問著小檀（不得不承認地名特別，姓氏也特別）。

「有。小時候跟著爺爺、爸爸只到上面山裡整理樹林，你別看這山鄉，我們每一戶人家都有自己的一座山頭，我家的山在比較低海拔。」

小檀的話說得讓我們好生羨慕。

難怪小檀對山路邊的植物瞭若指掌，如櫧樹、毛竹、鵝掌楸、南酸棗、蘿蔔菜籽、絡石……，尤其南酸棗這時正開著黃色小花，金黃得真像油菜花。

甜甜酸酸，有時候我們會隨手摘採來吃。小檀說。說著她真的摘來津津有味的吸吮起來。

這野地裡究竟有多少可吃的？很多，很多，可以飽餐還有可以養生的。因為牯牛降的土質很特別。

跟著小檀從密林小徑鑽入，沿著溪谷後再上一段坡路，然後入林中又是一段古樹林。一時真不知身處哪裡？

不要緊，跟好大夥兒，一晌貪歡，管它夢裡山裡、林裡溪裡。

環身四周就看到許多主峰瞪大眼睛，看著我們這小不點兒。茸茸深林像彩帶飄啊飄的卷啊卷的，其實牯牛降與黃山、清涼峰都在同一緯度上，常年雨量就比較多了，加上對山林禁伐的命令，所以林茂草盛，一路上，大綠闊葉處處在旁，有許多百多年的老樟，樹皮蒼勁，紋路真像水墨畫。

老公忍不住問我了：我們不是來過牯牛降嗎？哈，我已經知道是怎麼回事了。這次，第二次來牯牛降。行程從秋浦河一路入石台縣牯牛降。與前一次從黃山市入的路途迴然不同。

嚴氏古村落

小苗已具樹形，隨風俯仰而不懼。

山林春色，氣象崢嶸、五色絢爛。

靈魂不喜歡從被屬於他們的土地上趕走。

油菜花開時，大片連接，蜜蜂來望，幽香陣陣。溝邊幾乎盡是酢醬草和一種黃色小花的天下，結著紫黑小果的火探母草攀緣在井欄前，綠葉的絡石衍生在石隙間，白花點點的野劍伏臥在溼地上。

村落中處處有樹，樹枝編連成籬成牆，釘門造椅都是習慣。村中水口，一片古樹群和菓林，說是這風水林，破壞者要接受族規處罰，受害者可到破壞者家中吃住奉養。

木各有性，有的看似堅硬，如九芎，鋸下不久即會腐爛，有些堅硬不怕蟲蝕，難得挺直，像七里香、柑橘樹、核桃樹；有的長得粗壯、筆直，像這古樟樹群，想想要生長到這等模樣多麼不容易，怎忍心砍斲？

我們閒逛的這村落，可是嚴光（嚴子陵）的後代。嚴子陵東漢高士，與皇帝同學，卻不入仕途，隱居耕讀，他的後代子孫也不願為官的多，山鄉歲月自給自足，恬淡團聚。

從屋下撐柱上的雕刻可知古村的氣派。

安靜的午後，村中人約麼午睡去了，村徑上一個村人也沒有。也有幾個老人就坐在家門口打盹，時間好像停滯了。

咿——啾啾——清楚嘹亮的鳥聲。我不知名的鳥以嫩脆的伊哦在平臺河邊鳴叫。老公找到新話題問小檀。這山裡想當然耳的鳥類很多，可是要一個小女孩見一隻答一隻的，也太難為人了，我們家最高記錄同時養了七隻鳥在客廳，甚至還差點再養一隻大鸚鵡。

我獨自聆聽鳥鳴，默數到九，牠才頓一下換口氣，又再繼續啾鳴下去，側耳細聽，分不清在灘邊的哪一棵樹上？

一條小河谷自村外環洄，過了小木橋，河谷換到左側了。婀娜的嚴氏村落空地上，曬著一筐子一筐子的菜乾、竹筍乾、香菇和核桃，頭髮黑亮的八十多歲的老婆婆，姐妹倆一邊聊著天，一邊翻曬著她們手上的東西。她們好黑好濃的頭髮，完全是原生沒有染過，羨煞了團中一票的人，我們追問著怎樣保護的，她們都吃些什麼？可惜她們太害羞，不回答我們的請益，就只是低著頭整理籮筐裡的曝曬物。

有團友乾脆聰明的想套交情，問菜乾怎麼賣？原來有些不是她們的，順便代鄰居曬曬，鄰居上山裡做活去了。

古宅、古村之所以可愛，往往因為它有人情味，它有內容能喚起人們美好的回憶。早有哲學家就說他愛一切舊的東西：老朋友、舊時代、舊習慣。

未加上鎖虛掩著的門戶，石磚圍籬上蔓生的瓜藤、坡地梯田裡的稻穀，這古村落裡聲息相聞，小壇說嚴家的祖訓，就是勤勞、節儉、有情有義。這不正是任何家族興望的密碼嗎？

鴛鴦谷、情人谷

家族興望的密碼：勤勞、節儉、有情有義；而溪聲潺潺，它洞悉了我們歡樂的秘密，陪著說笑，跟著翻揚，和諧的跟四散的巨岩、小石為伍，溪旁的綠樹跳著華爾滋，提供了我們一個美麗的心靈桃源。

這河谷好長唷，蹬著斜坡，再上轉個彎，綠蔭更加深濃。牯牛大降，海拔一千七百二十七米，峰上怪石嶙峋，古樹遮天，溪河源頭在哪兒呢？

河谷好長唷，彎轉，蔭濃，怪石嶙峋遮天。

潭水從那緲遠的蒼穹一隅聚來，究竟源頭在哪，連過路的村鄉人也不能夠分曉。我們只知道它叫「鴛鴦谷」，深儼潭水，常有鴛鴦飛來，緩緩深水靜流。怎麼有這麼妖嬌的溪河？靜若處子，動若狡兔。我們在迴轉處的一塊平地上歇息、趺坐，連這一處空地，也有個美麗的名字

「情人谷」。

溪聲靜靜等待我們，等待我們聆聽情人的故事。

美女的胴體

與黃山、清涼峰在同一緯度，水資源非常豐沛。一個從山高處下來的村民跟地陪小壇說願意為我們引路，岔路再上去一點點有座瀑布。安全嗎？

安全！安全！在一座小亭裡就可以先遠遠望見。

小亭後面過一段迫擠的棧道，到上游絕巘處，就有瀑布。

若根據我所知道的一點地理概念：當地人稱之為鴛鴦谷的，那就是大演坑峽谷和小演坑峽谷的匯集，綿延十里。

果真，時而湍急，時而涓流，溪水繞著山轉，連帶引起山風。溪水山谷跳著探戈，我們也累彎了腰骨，貼著岩壁，貼著彎曲的木棧道，我在一個不留神撞痛了肩膀時候，竟抱著手臂，笑彎了腰說：被牛踢了一腳，誰叫我們在牛肚裡竄遊，牛胃、牛腸胡走？然後水聲響自頭頂，轉流過落石，急湍飛水，又把我們淋得一頭水珠，但這一涼快，反而完全忘記疼痛了。

走在我身後，一個人說話了：你會懷念這樣的路。原來，是莊老大，嗯！說得好。

瀑布在哪？俯身躬行了好久，瀑布卻只露了白嫩的大腿，嫵媚的誘惑。

再穿過一道細縫，憋氣、扭身、仰望，啊！看到了，看到了。

終於看到美女窈窕舞動的胴體了。

漂亮啊！

再近一點，快摸一下，快摸一下。換我，換我。

簡直一夥好色之徒。

幾疊的跳盪，流溢於天地之間。

因為尚未有外來的雜染，瀑布流縱，潭瀑相間，谷底有很多大大小小的碧池，陽光晃漾下，五彩的水潭有著九寨溝的五顏夢幻。

雷鳴的瀑布聲，沿著河谷傳送，與流水急馳，而樹冠幾乎擋住所有的光線。行程在此駐腳，也是完美吧。

鱷戲灘

回程，一樣令人流連。因為換個角度：美還是美。

溪谷中大石小石滾疊堆落，若長長的溪澗是天地的琴弦，這大石小石譜落的正是其上的音符；還有一大過屋椽的巨石徽柱安放弦上。那大石有精神啊，屹立固拱，「中流砥柱」，溪旁的標示牌上寫得明白。由於地層古老，怪石自然陸離。不過，中流砥柱雖令人讚嘆，卻非讓人驚訝。我們在一淺平灘頭，看到很多粗皮疙瘩的老醜——鱷魚，正伸著長脖子喝水。

怎有鱷魚？

看清楚哪！

那浮出水面，尺來長的、背鰭混黑的，是一條條鯉魚，確實。還往鱷魚嘴邊去呢！

多傻的鯉魚，不怕被吃？

不是沒有那麼傻的鯉魚啦，因為不可能有鱷魚。水塘黽彈躍過，粼粼光影映過，灣裡一片活蹦亂跳，啊！那河中怪石實在太像鱷魚了。

略偏斜陽裡，我們遇上幾個來村中蓋廁所的工人，他們很羨慕我們來自都市，也很渴望能到都市做工。

他們很羨慕來自大都市的我們，以為只要到了大都市，就可以找到自己的目標或者賺到較好的工資。我一向不太會和路人哈拉，倒是古蘑老公遞給他們一根煙後說：在這大山鄉裡對自己人用心，好好磨練技巧；具備了超越常人的能力，在都市才能夠掌握出人頭地的機會。

再次走出村谷了，風大了，陽光也出現了。谷口處幾戶人家，在出入的小水泥徑上曬了很多豬腳。這口味可以叫風豬腳吧！小小一節豬蹄，很像戴了小帽子的公仔，上下兩列。

古蘑老公狠狠叫我快走，因為我接下來一定會問：可以吃嗎？

在這山裡，夕暮落得快，斜陽照在新近開發的商店路道，反射出刺眼的光芒。老公正責怪我不肯戴帽子時，我大喊「佛光」、「佛光」。聽說牯牛降偶爾有神奇的五彩「佛光」出現，為什麼不能將那光當作「佛光」沐浴？

不過，夕陽真的是艷了些！我和幾個隊友乾脆側身而行。嵐霧起得好快喔，剛剛走過的山嶺，不多時已經分不出了，林海松濤，群嵐疊嶂。

我想起古代中國用袋囊或竹器裝雲的風習，想起六朝時代的那個說嶺上多白雲的道士。這山裡的雲嵐若能盛裝，還真是最美的禮物和紀念。

小中巴士循原路出石台縣，依舊是沒有紅綠燈，依舊簡單的井字街口，一個單純、質樸、安靜、秀美的天地；我想起了要上這牯牛降大山前，在縣道交會處，有一處大演社區，因為每年冬季休耕時，幾乎全村人人粉墨扮戲，大演登臺，一兩月裡日夜熱鬧滾滾，直到開春，而那大演舞台至今還是風韻猶存。

過石台秋浦大橋，就告別這「九山半水半分田，開門見山出門爬山」的地方。

有人說安徽富人文氣息，我覺得安徽的山水才是富人文氣息呢。

陸

青陽九華

九華隔著長江與天柱山相望，陽光燦燦，月光皓皓，我豁然了悟九華山的精神：充滿光明的清淨、慈悲。

九華山

從牯牛降下來，我們來到池州轄下的青陽縣九華山。青陽縣沒多少人知道，但是一說九華山，可就天下聞名了。

由於適逢星期六，上山禮佛的人特別多，香火旺盛到幾回爐子旺燒起來，煙塵、人喧，九華山形同市集。

九華，九華山，因李白的詩而得名、享名。李白說：

妙有分二氣，靈山開九華。

又說：

蒼翠峭拔、雲煙繚繞的九華勝境。

昔在九江上，遙望九華峰。
天河掛綠水，秀出九芙蓉。

屬於黃山支脈，九華風景的秀麗便可想而知了。隨便翻閱一本旅遊書定有這樣的簡介：群峰競秀、重巒疊嶂、蒼翠峭拔、雲煙繚繞。

金地藏

座落在安徽省青陽縣境內，方圓一百公里，有九十九座各具風姿的山峰，天臺、天柱、羅漢、十王、蓮花等九大主峰最為挺拔俊秀，梁朝時稱九子山；只因李白慧眼蓮心，看九峰如天工雕出的蓮花。

道教最早來到九華山，晉代隆安五年（公元四〇一年）佛教才傳入九華。唐代皇帝賞識佛教，因此佛教盛行，取代了道教，香火旺盛，更東傳到了日本、韓國，日韓等國來到的僧人日益增多。

開元六年（公元七一八年）新羅國王近族金大覺（一說金喬覺）王子來到九華山。金大覺，身高七呎，面貌十分高奇，加上天姿穎悟，才力特高，文武雙全，足為安邦定國之國君。雖然如此，但是金大覺對於政治與俗事毫無興趣，他心中慈愍，一心嚮往修行，於是棄絕王子身分，落髮出家，虔誠苦修七十五年，直到唐德宗貞元十年圓寂。

七月十五生日；七月卅日成道紀念日。

由於生前死後的總總事跡，都酷似佛經中的地藏王菩薩，所以人們都認為他是地藏王菩薩應世，於是世人尊奉為金地藏。

而且地藏王菩薩又稱南無大願菩薩。因為只有一個誓願，偈（ㄐㄧˋ）文曰：眾生度盡，方證菩提；地獄不空，誓不成佛。

因為金地藏為韓國人，（當時的韓國，分成了新羅、高句麗與百濟三國），所以今日九華山上許多的導覽路標都有韓文，許多韓國觀光客都喜歡來這裡，他們更以地藏王為新羅王子為榮。

在山上精修的金大覺，生活十分刻苦，住，在洞穴中；食，則以山中白土混著少許米烹煮，身無丈物，只求修行。他的苦修，感動了九華山的一位長者閔讓和，不僅追隨他為徒，並且喜捨出九子山所有的土地，以供弘法。

月身寶殿

當我們穿過九華街，來到「護國月（肉）身寶殿」，巍巍聳峙的殿堂，那氣象真超乎我們想像了。幅員廣大，工程浩偉，殿前高大的山門，必須謙退到對隔一條街才能一覽全貌。山門前的三尊大銅爐，坐鎮山門前廣場，好像告訴信眾：你要先淨空你的心，才能獲得引悟。

這裡是九華山的中心點了，來九華，就為的是來此。但是不知幾百的階梯，走得我們低頭俯行。就在我低頭喘氣時，忽然這幾句跳入腦中「低頭看得破」、「俯身行無愧」，難怪啊，難怪！參拜要先跋涉了，自心的參悟更重要呢！金地藏修行，他與徒眾最重視心靈的增長，毫不在意飲食養命，肉身操勞辛苦等事，他們行走這山巔時，內心是多大的歡喜。

這樣心念一轉，我竟然覺得腳步輕盈了，過彌陀殿，再向地藏禪寺、長廊，而後再登肉身寶塔。

大殿正門「東南第一山」匾，清朝施玉藻所寫，遒勁樸厚，很能配合這寺廟的氛圍，兩旁鐘樓、鼓樓，背後有半月形「布金聖地」亭台。

進入大殿的中心，就可見到一座七層的肉身塔，供有地藏王菩薩結跏趺坐的塑像。其實，肉身寶殿就是在安葬金地藏的墓地上建的大殿，殿內就是地藏墓塔。

地藏塔

根據記載，金地藏入滅時，寺中的扣鐘，忽然無聲墜地，堂上樑椽忽然毀斷，徒弟到室中時，只見金地藏顏貌安詳，但實際卻已趺坐入滅了。

徒眾將他的全身舍利，依著建立舍利塔的方法，安置坐缸。經過了三年，徒眾依日開缸，準備入塔時，只見他的容貌宛若活著的時候：肉身柔軟，顏面如生，尤其要舉動他的骨節時，發覺如同撼動金鎖一般金振玉聲。經中所傳「菩薩身骨如同鈎鎖，恭移之時，百骸俱鳴」，正是這般。

我們進入寶殿內，殿內光線闇寂，氛圍靜冥，然而依著師父的指示：合十繞塔、行走三圈的遊客絡繹不絕，依序入殿、依序出殿，彷彿受到感召或教誨般。

地藏塔是以漢白玉石為塔基的七層八面木塔，木塔內壁用赤金貼寫《地藏本願經》，塔內即地藏肉身所在的三級石塔，塔的每層八面均有佛龕，每龕內供奉著貼金金地藏坐像。

這肉身寶殿所在的山頂，古稱「南台」，因著現今已闢建成一廣闊台地，不易立即感受地藏王在晚年經常帶領侍者，到此南台誦讀經典或參禪晏坐的聖靜。

由於示寂之後，遺體安置這「南台」聖地。三年，開缸之後，遺體每到夜裡在這塔基的地方，都會發光如火、燦放光明，人們譽稱「圓光」，有神光異彩，因此原名老爺嶺的山頭就被稱為「神光嶺」了。

這裡已是九華街的最高點，距化城寺約一公里。站在殿前石欄處，可以略見熙攘的九華，九華從山腳到山頂，有路皆有寺，有洞皆有寺，或宏或陋，各有風格。至於化城寺是金地藏的成道之地，據佛教的傳說：釋迦佛滅後的一千七百年，地藏王菩薩會降臨世間。

化成寺門前有一對石獅子，由石獅身上的刻紋早已撫觸光滑的情狀，可以推知寺院年代的久遠，據說創建於三國的時代，而現在的堂宇至少也是清末改建，如今列為九華山的歷史文物

化成寺門前一對石獅子，據說始於三國時代。

館〈重修九華山肉身殿碑紀〉、〈重建九華山石梯紀〉，都可以感受其中的發願和善緣。

寺院沿著山勢闢建，一步步向上。大雄寶殿前香火鼎盛，煙硝瀰漫。藏經樓，明萬曆年間修建，內有明版的《大藏經》。我和老公倒是悠閒的看了寺壁上的書法和山水畫幅，那好像專屬我們的。

眾神享祀

九華山供奉地藏王菩薩，雖然這山中寺廟和其他佛像也很多，如：彌勒殿：手攜布袋的彌勒菩薩；韋陀殿：韋陀天神，身穿鎧甲，手持金剛杵。但是來到九華山的信眾多以參拜肉身寶殿為願，其實就拿九華街上神光嶺街上，就還有：

旃檀禪林、上禪堂……

從白馬亭前的石階向上爬，左邊有無堂寺、廣濟茅篷，右邊有淨土庵、百子堂，這些小庵院，都是通往肉身寶殿參拜的必經之地。小庵路旁有一個土地公廟，廟前還設有供養飯食的臺座，供祀冥界亡靈。所以四大名山：五臺山是風；峨嵋山是火；九華山是地，普陀山是水。

午餐在山裡一家也屬於九華集團的餐廳用餐，窗台望去，正好面對祇園禪寺。一如這山中其他禪寺，都智慧的依山就勢，層層疊疊，飛簷翹角，琉璃覆頂。我們一面吃著俗家飯菜，一面靜觀著禪寺動靜，這也是特別記憶。祇園，也稱祇樹庵，佛經中所指的印度的佛教勝地，釋迦牟尼在那裡宣教貳十餘年，九華山的祇園禪寺因此而得名。

祇園禪寺大殿上有大雄、釋迦、彌陀、藥師，兩邊十八羅漢，還有一尊七公尺高的觀世音立像，其他有方丈寮、衣缽寮、光明講堂等房屋，後院的牆壁上嵌有許多石碑。因為僧房有百餘間，火房內有特製大鍋，最大的為銅鑄，稱為：「千僧灶」。

晴空朗潤，一目了然，佛家追求的不就是這種心地的坦蕩無礙？

由於遊客太多了，在遊覽行進中，要受抬轎阻撓，又有商品叫賣以及乞丐哀憐干擾。我就跟古蘑老公說：遇到什麼情境就默念心經好了。九華山的特色之一：僧俗共處，只隔一牆，棉被、床頭板都晾放在佛寺前的廣場或石欄上。甚至池州日報載要用兩個十億元增建九華旅遊，溫泉度假、餐飲、住宿一體。

來此禮佛腳下踩著蓮花牆。

我想那時候的九華，濃濃人間情味，不知怎個情狀？

> 紅塵修練，如果沒有更大慈悲，勝境仙跡也屬惘然；
> 祈拜求佛，如果沒有清明知慧，功成名就也屬枉然。

其實我只需要牢記這啟悟就好。

百歲東崖

由於纜車直上百歲宮、東崖禪寺、五百羅漢堂。百歲宮也是一座肉身殿，供奉應身菩薩無瑕禪師。東崖禪寺因地藏王曾在東崖峰的岩洞中苦修。西藏佛教有一句諺語：一生中，只要你虔誠去朝拜一個聖地或一位成就尊者，你生生世世不墮惡趣。

在東崖禪寺前有一片小平台，在這裡，可以俯瞰九華街，山下的煙塵，市街的喧囂，地藏王都以慈悲看在心眼裡；在這裡，轉過身，也是遠望天台寺的最佳地，一群人就站在這東崖邊，遙望對面的山頭，竹海之外，一座座山峰，主體山脈呈南北帶狀走勢，神奇的構成了九華山著名的天然睡佛神像。

看到了，看到了。歡欣的叫聲接二連三。其實競秀的群峰，不止一座睡佛，另一組山峰裡，好像也有一尊睡佛，睡得沉穩靜謐。

在這裡，地陪嘴裡常說一句話：「睡佛身邊走，好運年年有。」善心、樂觀、上進，怎麼沒有好人生？我想起一位師父曾開示我說：佛家修行就是吃得下飯，睡得著覺，笑得出笑來，佛的境界不過自在。

我看著陡峭的山壁斷崖上，一座座山峰壯闊連綿，不是在顯現佛的聖蹟，在提醒每一個來此的人：珍視生命。山呈睡佛，固然可貴；而這大地上，擁有佛性的生靈，才是世間的可貴。

流連太久，套句佛語：貪嗔了。但仍決

天台寺，是九華山最高的一座寺。

定再望一眼，就要毫不沾滯的離開。

話說九華山有九十九峰，東崖面對著天台寺，是九華山最高的一座寺，有句話「不上天台，等於沒來」，但是要上天台寺也不簡單，即使坐索道也有二九〇八米，霧寒很大，一過申時，蒼穹縹緲，山靈應秘惜，不許俗人看嗎？

摩肩接踵，每一殿堂內毫無轉身餘地，空氣很混濁，我便和大鬍子小哥不約而同的各自推開五百羅漢堂後殿的一扇扇大窗戶，山青立刻微笑而來；山風立刻罩臉而來，啊！當頭棒喝，菩薩以這不言身教：世界這樣推廓而去，歡喜接納。

大乘氣象這就是菩提勝境。

九華山的特產竹筍干和地藏茶。

無雲霧的青空，九華隔著長江與天柱山相望，陽光燦燦而照，月光皓皓而映，蒼穹朗朗多麼無垠，我豁然了悟九華山的精神：充滿光明的清淨、慈悲，天無私覆，地無私載。

朗朗乾坤

懷著歡喜至誠的心上九華山。

以前常疑惑：佛教徒為什麼千里迢迢去朝山拜偶像，那不是迷信嗎？現在才有一點明白什麼叫信仰，發願，行力。

信心是因，迴向是果。

我是第一次來九華山，登頂路程不是很遠，但在行進中，時時想到地藏本願經的故事，感恩菩薩給我這次機會，行路中想起以往跟父親出遊的種種，因而內心潮溼，好幾次都有抑制不住偷偷擦去的淚水。

下山時又回到上九華山的起始點，歷史最悠久的化城寺。寺前那一座很大的放生池前，小販仍在賣著鯉魚、烏龜等。黃昏了，拜完供養後，出了寺的信眾，往往看著放生池就會毫不猶豫的買來放生布施。

「生意人會抓起來再賣，再放生。」隊友有人擔心著說。

是啊！每一個水潭連成了清河，就不會再有腐臭和乾涸的危險。迴向每個眾生，人如何能有清淨心、慈悲心？其實佛法在於生活，在於動機與心態，隨處行善緣。

要下山了，依然來時路，五溪河伴著迤邐的山脈，六線道的筆直大馬路，路上仍有絡繹不絕的信眾欲上山來，聽說上海到九華山即將闢建一條直達的磁浮鐵路，不管如何改變：提醒自己要常思惟培養正念，能如此，這樣殊勝的旅行就沒有白來了。

柒

美哉黃山

遊黃山若只登黃山，那麼你僅能說初識黃山，黃山是超級鑽石，太平湖、黃帝源、翡翠谷……正面側邊都璀璨完美，你很難一眼就打量出它的超級。

湯口黃帝源

因為轄內有風景幽美的黃山而得名「黃山市」，其實黃山市之大包含大半的古徽州，屯溪、黟縣、休寧……這樣說好了：黃山市前身就是徽州。

我們縮小範圍只談黃山。遊黃山若只登黃山，那麼你僅能說初識黃山，黃山是超級鑽石，正面、側面、底面都璀璨完美，你很難一眼就打量出它的超級。

黃帝駕到

傳說中國最早的帝王即黃帝，曾在涿鹿原野上與蚩尤展開過一場殊死的戰爭，蚩尤施法術使天地間生起陣

一尊黃帝立像，威儀兀立偌大的草場上。

陣濃霧，白茫茫的雲霧瞬間籠罩了黃帝部落，蚩尤部落因此而乘機重傷黃帝所率領的兵士。在千鈞一髮、進退維谷之際，黃帝發明並製造了指南車，脫離蚩尤的迷霧圍困而大勝蚩尤，成為天下共主。

源是溪谷或山林的源頭。黃帝在北方稱共主了，怎會遠遠的來到南方山中？皇帝君臨天下後，一心身繫天下百姓，於是登百山尋藥方寫醫書。聽說這黟山裡雲霧繚繞多芝草，於是來此，其實也因為黃帝曾來黟山修行，所以黟山改名黃山。

據說黃帝可能就是天上神仙下凡，不然就是修道得道而有仙力，來這幽谷溯行時，就遇上了九天玄女，說不定九天玄女就傳受給他很多祕訣。

我們對九天玄女很好奇，有書上說：九天玄女「肌膚若冰雪，淖約若處子……乘雲氣，御飛龍，而遊乎四海之外。」黃帝巧遇九天玄女，「黃帝得之，以登雲天。」而九天玄女巧遇黃帝後呢？是否任務達成便返回天庭覆命去了？

所以，我們現在若肖想要遇上九天玄女，大概要靠天命了。

黃帝源入門口在湯口鎮黃獅嶺隧道下，遊客不多，解說員說：遊客都擠到黃山上頭去了，好幾個萬的遊客在上頭。

遠遠一道雲牆，一尊黃帝立像。偌大的草場上，黃帝威儀兀立。相傳黃帝以德稱王，因土為黃色，故稱為黃帝，由於他建立了卓越的歷史功績，因而被人們尊為中華民族的始祖，只要跟黃帝有關的或有紀念性的，都被人們津津樂道，何況這一段黃帝尋訪醫術的路格外美麗。

被群樹推擠得扁扁窄窄的一條山徑，毗連著一片青翠的山野，山野奔來，地勢平陡不定，起伏不一，心情也順著山勢而一會兒扭轉，一會兒蜿蜒，一會兒盤旋。十幾里路的曲曲折折裡，有時候有濃濃的青綠掩映，有時候有密密的竹林。忽而驚豔的一池潭水，比涇縣的桃花潭，還要清幽美麗。

驚豔的潭水，比涇縣桃花潭還要清幽。

桃花流水

名叫黃帝源，黃帝窮水之源，淺闊的塊石河底，泠泠的流水汩汩而來。河澗是河，櫧樹林是河，竹林是河，密生的杜鵑也成長長的河。

好多野生杜鵑花，粼粼反光襯托著它的影子。野杜鵑似乎多枝幹堅韌些，有些像雜樹。一春一燦爛，從深冬就開始冒生花芽了。整個春季開得繽繽紛紛。

我找不到可以揀拾的，便偷偷摘下一朵特紅的，沿著河邊找機會丟往溪中。桃花流水窅然去，我用這枝充數。

寒冬大冷，花開得少，但是沿途雜枝叢幹可以想像這山谷裡稠稠密密的一帶豔紅，被綠波推擁的可愛。難怪九天玄女在此停宿。仙人比凡人要聰明上許多，在天上高來高去的視野也較廣大，看好的地方絕對不會差很多。

終於找到一處近溪欄杆，用摘下來的那一朵順水而下，溪水潺潺，紅花格外顯眼。只見溪河對岸，雜樹茂林，時光的大流，讓根鬚蔓延在整個山谷裡，讓河水也能有潮起潮落的原理，腳程全印在石塊上。穿澗越谷，超岩攀坡，裂紋的黑岩聚集著山谷濃凝的視覺。

李白書院

陳年的枝葉在我們的腳下喳喳作響。走在前面的團友喊著：「李白書院，李白書院」。

竹徑青石徑如此平滑，濃翠深處，又有些支路，一條支路代表一個新去處、新景點、新桃源這是春雨乍歇的晌午，原本就相當乾淨的山道，給雨水、露水這麼一浸潤，更加清新了。一片看不見的遠景比看得見的更多。

小小支路，彎彎扭扭的夾在青林中，然後過一長直吊橋。這哪是路呢？像一節樂譜，五線譜上的音符躍動，然後一個延長符號。

圓門內一棟老式房舍。

李白書院，李白怎又來此呀？難怪他被閱人無數的賀老識破：就是謫仙人嘛，否則怎麼能雲遊那麼多雲深不知處的地方？溪橋折轉處，一幢三間白牆黛瓦的二層樓高的小院，屋頂瓦片顯得十分古老，因為瓦上長了綠苔和黑漬，透過窗子，看到其中一間屋內有一四柱的木眠床，真的是李白的臥榻嗎？我站立在窗外疑惑著。

據說天寶十三年，李白來此向大學者胡暉請教並潛心苦讀。書院在寂寥的谷地一隅，竹林、瓜架、石棧、草階，一片簡單、空寂。

走出吊橋，回望掩蔽林中的院落，仍然疑惑中的我，忽然想起朝鮮時代的一位僧人的詩，詩文大致說：有時不存在的東西比存在的東西好，有時存在的東西反而比不存在的東西更好；無論有形或無形，都存在人的心中。真是醍醐灌頂！李白來此請益，在書院內秉燭，在附近沼潭底垂釣、飲酒，甚至仲夏在溪裡濯足……，這樣的美充滿了我心裡。

芝紫關口

我們應該是跟著李白同樣散步的路溯源而行，碎石疊成幽靜竹林小徑，直到我們遇上林中採挖竹筍的鄉人，彼此停佇，聽鄉人平實的閒話桑麻：昨幾夜雨，筍一下子多了。竹林在黃山山腳是尋常景物，李白書院前的竹林也無甚奇特，這一時片刻，我體會出它繖生出的一種安詳的、治療的情味，竹筍上還沾著未化的濕潤。

到了芝紫關，河床中一塊石上鐫刻著二個篆字。陽光的暉照，三個字很清晰。

為什麼叫「芝紫」關？既沒有紫花也沒有芝草或靈芝？

芝紫，芝紫，之止，之止。讀出來了吧？哈，哈，漢字才能有如此妙麗的諧音借意。之，到也，到此為止。

一方巨石，有數人展臂之寬之大之高，幾乎占立整個河道僅容一人側身而上，再上去就是嶮巇仄谷了。我們還不死心的探頭，真的，真的！

「請盡情停留在美景裡，但不要沉迷冒險在美景裡。」真的，真的，該回轉了。

美嘆黃山

黃山，大家最熟悉的安徽美景。本名黟山，傳說軒轅黃帝在此煉丹，得道升天，天寶六年唐玄宗親自下令改名「黃山」。千年來人人說：黃山歸來不看山。黃山到底美在哪裡？

有哲學家說：人生最寶貴的一件事，不是最後得到什麼樣的結果，而是在追尋的過程中體會到了什麼！

黃山就能給你體會、發現和難忘。

走在黃山步道上有騰空驚喜

山奇峰奇

旅遊廣告上說：黃山是『巧石陳列館』。尤其飛來石巧石中的巧石，重約三百六十頓，整個大石頭，曲線玲瓏，頂部稍小，穩穩的豎立在另一塊長十二到二十五米，突起的平坦岩石上。地質學家認為飛來石是地質變化過程中形成的，即使動用直升機把石塊吊放下來，也不見得比眼前所立更完美、更特立。天造地設、鬼斧神工。

飛來石的故事和傳說固然令人稱奇，整個黃山都是奇峰奇山的令人雀躍。

獅子峰清涼臺，日晴的此刻，巧石奇峰讓地陪如背書般的說主要景觀有十八羅漢朝南海，觀音到我家、猴子觀太平、八戒吃西瓜……，望著那山頭，真有如高高低低排成一行的行者，有的束髮高髻，寬袍大袖，有的著兩件式便服，急急忙忙趕路，上哪去啊？「到南海去啊！」清涼峰頂平坦，有一塊巧石，真真像猴子蹲踞眺望，牠望向的遠方有浩瀚的太平湖，溪谷翡翠。牠該是在這兒守望者美景呢！

北海散花塢也有很多奇岩，筆架峰、駱駝峰、……。我坐在半途中一塊突出的岩壁上遠眺，聽著隊友興奮的大笑：夢筆生花，萝筆生花，像耶！

不過，黃山之魂在西海，到黃山一定要到西海探險。

沿著驚險的盤山棧道前往西海大峽谷，領隊說這樣才能避開擁擠人潮。真的啊？

其實一路上已有很多「一線天」的景觀，但這西海峽谷區的一線天長達四十公尺，一側聳立的岩石間先傍著一條幾乎垂直而下的狹窄的通道，有些部分僅容一人側身，有些山岩遮覆的地段則幽暗冷涼，有些陽光灑下的地段，則又陰陽分曉。前人形容「峭壁千仞」、「拔地擎天」，到這裡，我不得不佩服說得傳神。地表裂隙，平行塑成了刀削如壁的群峰；縱

西海峽谷白雲景區步仙橋

行成了石階、深谷和區景，仙人曬靴、仙女曬鞋、天女彈琴、迴音壁、雙筍峰……，天地雄渾無邊，崢嶸剛介卻又情味溫婉。在黃山面前，時空變得短暫，滄桑又變得尋常。

看足了巒光峰色，賞心悅目。停駐在梯階寬闊處眺望後，近中午了，隊上的人折轉再繼續，好厲害，大家來到了步仙橋，西海白雲景區最西端的仙境勝地。「好像牛郎織女在鵲橋上相會，登上虛無縹緲的天庭通道。」興高采烈的談石橋架空在兩座垂直的山壁之間的險奇，俯瞰橋下山谷深邃的暈眩，橋上遠眺的瑰麗和空闊，再襯托白雲繚繞，一朵朵一團團、一波波、一捲捲，黃山詭景像是身在另一星球。

玉屏天都

來黃山，登天都峰或蓮花峰是壓軸好戲。

從登山口蒲團石進入天都峰山腳。

天都峰傳說是天上的都會，垂懸的石階像垂掛岩壁上的繩梯，窄而陡，體力不好的要量力……，還有要穿登山鞋。我嘗試爬了一百多階，便折返下來，坐在一處「觀止」的平臺靜觀黃山，仰望天都峰上的松鼠跳天都、孔雀戰蓮花及蓬萊三島。

黃山裡的畫眉鳴叫得真好聽，可能空谷傳音吧，格外清脆。蹲踞松枝上，飛在黃昏的紅霞中，輕靈靈的，它們可是來陪伴我們的？來告訴我們黃山溫柔的另一角落？

終於隊友回來，他們興奮的形容在鯽魚背上張臂振衣的驚險，鯽魚背長十餘公尺，寬卻才六十公分，峰崗拱起，石堅光滑，兩側沒有任何可以拂抓的憑欄，無風晴日裡，站在脊背上簡直像凌空，即使微風拂過，也像風捲雲幻。他們說誰誰是爬著過去的，誰誰走了半途走不下去了，還有誰誰是大笑走過去的，伸臂瀟灑的在「登峰造極、天都絕頂」前拍照，雲山千里，縹緲靈秀，黃山給了每一個人發自心底的回味。

松香松鄉

黃山多松。

北海景區裡黑虎松、連理松、臥龍松、探海松、安南松…，棵棵都氣概非凡，軒昂傲然，如同周瑜英姿煥發，諸葛羽扇綸巾。根筋盤結、枝幹扶疏，相機鏡頭根本無法捕捉，用眼睛好好看著。

鯽魚背長十餘公尺，寬卻60公分，峰崗拱起。

而玉屏樓前也以松聞名：迎客松、陪客松、送客松。迎客松，被譽為黃山松的首席代表，樹幹為身，樹枝向前，好像舒肢展臂，歡迎賓客。

西海部分則更有壁掛松。

黃山如果僅有奇峰巧石，未必會誘惑天下愛山好色之徒，石頭雖有蒼涼之美，不言可人之魅，但畢竟還是石頭啊！把黃山妝點的富有無限綠意，畫龍點睛般，令人佇足回顧的則是黃山松。

黃山松多長在八百公尺至一千七百五十公尺高的岩縫裏、裂隙中，原是在丘陵地區常見的油松，由於札根於山高風驟、雲霧瞬起、無寸土泥的岩體，演變為另一種松，因為最早發現於黃山，植物學家便正式命名為黃山松。

黃山松在成長中為了減少風的阻力，簇簇松針已長成平頂扇形，針葉短粗，色綠深沉，蒼翠奇特，枝幹尤其虯勁。尤其多愛往一邊生長，另一邊則一枝不生，因地就勢，安身立命，於是有斜伸，有掛懸，有俯瞰，姿態百千，令人流連佇足了。好像告訴人們：種子落在一處，即使岩石，也能憑自身的嘔心化為土壤；人呢，選擇一塊土地耕耘，只要用心去活，每一個天地也都能收成迷人的風景。

雲蔚雲海

龍神其靈。

來黃山之前，恰好讀到一本書《雲霧之國》，書裡說：「龍不得雲，無以神其靈。」「雲中還有生活著的龍……」

想想軒轅黃帝還在黃山煉丹，得道升天，黃山充滿仙氣，怎能沒有雲，沒有霧？黃山的雲霧成江成海成潮成流，一點不稀奇。隊友就說：我們來看看什麼時候沒有雲或霧？

上山的時候秋高氣爽，萬里無雲，下了白鵝嶺站還一派陽光，朋友才說快給後面的拍照……話還沒有說完，漫天的雲霧兜頭罩來，隊友一個個從雲端出來。都成了天上謫仙人。

「莊子逍遙遊」好吧，認同玉娟說的。

黃山有雲海或雲瀑或雲游或雲什麼的，都不稀奇，稀奇的是雲掀起滔浪簡直神乎其技，根本看不到那掀動簾子的手，瞠目結舌的人類只會喊：雲海ㄟ，雲海ㄟ，然後亂按快門。

還有奇妙的是雲來的意料之外，匪夷所思。記得爬到天都峰鯽魚背時，大家以為一定會起嵐作霧，因為在光明頂上就數次眼見雲戲天都，雲擁蓮花。雲，可以不翼而飛，很多人都想體會飛翔魚背的況味。可是雲有太好的舞台～廣袤的大地與空漠的穹蒼，她要你等待情人那般等待，唷，那個下午黃山真是清澄秀美。我來黃山，第一領悟的是謙卑，順應自然。黃山成了我的師父。

日出日清

「看日出喔，看日出喔！」一群聲激嚷。

真是冷啊，穿上旅舍裡準備的禦寒夾克，不出門都給催促的慌了。

我們來時，東方空際一片黑，眼巴巴瞪著墨黑轉淺鯉脊色，大家便開始興奮嚷著：天亮了天亮了。我因常常熬夜通霄，深知從凌晨還要一段時間才會黎明天亮，絲毫未動心。

淺灰天幕上出現一抹紅紋，人群又開始再度騷動了，舉起相機的手彷彿突起的怪樹般，紛紛冒出。

太陽要出來了？太陽怎麼還不出來？

第二抹紅痕就那樣懸在天邊松枝上。

停止了，太陽怎還不出來。

好一會兒，天幕亮成緋紅了，天都亮了。太陽怎麼還沒跳出來？

今天沒有日出啦！有太陽不等於有日出，日出也不等於晴天，懂了嗎？

懂，懂。我急急點頭。

七嘴八舌，七人八語，人聲鼎沸，黃山可比美士林夜市的熱鬧。

黃山上住三天，第三天住玉屏樓，大夥又約著到玉屏峰看日出。機會不再，絕不能放過。靜夜裡，天陲之間是極遼闊的空間，我們認真的凝視東方，看太陽怎麼變出來。

太陽的故事總說不完。

慢慢的那一抹一抹的紅紋突然跳動，淺灰天陲忽然明亮，亮度似如錦緞，一段段，時間一分又一分過去，紅錦的亮度漸漸加深。猛然從這些紅錦底層，出現一彎紅環，很神奇的來到，伸展的更絕，就像絳色眉月，我才按下一次快門，那一彎紅弧已經露出成一頂小小紅冠，頂戴在天地交接的線上，莊嚴、堂皇、不斷神秘的擴大、轉圓、愈來愈大愈圓，變化的速度也愈快愈不同，我的視覺也愈來愈目不暇給，當然按快門的手也愈來愈忙亂。我還來不及細辨，神不知鬼不覺，驟然間一個突變，一輪紅日凸現於天界附近上空，好大的一個蛋黃仁，閃閃紅華，卻沒有一絲燥熱。

大家看得鼓起手掌來了，這一輪紅，涵蓋無窮深意、奧秘和一切生命的仰望。

從半圓形轉成渾圓形，儘管我雙眼緊盯著，絕對要看盡祂的魔法變身，但是造化自有一套詭譎的魔術和障眼，以不變代漸變，漸變代突變，待你發現有變，已經一大光明。天際大亮，蒼穹紅暾，遠近灰暗山峰通體萃碧起來。這時再想看看日出，一輪白日不斷閃爍，一個銀色光團，幅射出千閃萬鑠的銀線，莊麗了黃山清晨。

觀止黃山

前人說：「五嶽歸來不看山，黃山歸來不看嶽。」康有為環遊世界名山後說：「黃山天下第一。」每座山皆有可愛，我不知道這品評是否偏袒。不過黃山真的是山中之山。

在黃山四天，不管住宿、行路所用，或三餐飲食的一瓶礦泉水、一棵蔥，都是由挑夫從山下辛苦挑上來的，有的一趟甚至挑上二百斤重，沿著崎嶇山路一天一趟。

雖然黃山有三段纜車，右線雲谷寺到白鵝嶺的雲谷索道；左線慈光閣到玉屏樓的玉屏索道；北邊松谷庵到排雲樓的太平索道。但是下了索道都還要走上很多階梯和步道。黃山不是高險的山，卻是山路蜿蜒迆邐的山，在山上的每一頓飯菜、生活用物都覺得奢侈、感謝。

翡翠谷

下黃山，別以為離開黃山的手掌了，其實還遠呢，還在黃山的掌心勢力裡，沒有跳出來呢。

領隊還笑說：沿著這翡翠谷一直往上走，就可以到黃山東海的仙都峰，不必買門票了。

翡翠谷地深十五公里，位置在東海仙都峰和羅漢峰之間，遠處黃山群峰彷彿是最佳嚮導，若你真有興趣這樣攀爬黃山和跋涉翡翠谷，一定很刺激。

石塊羅列，清溪激石蜿蜒而過，岸壁陡峭，斷崖如梯，所以過祖望橋，過過情人吊橋，便掉入翡翠谷綠色深宮了，

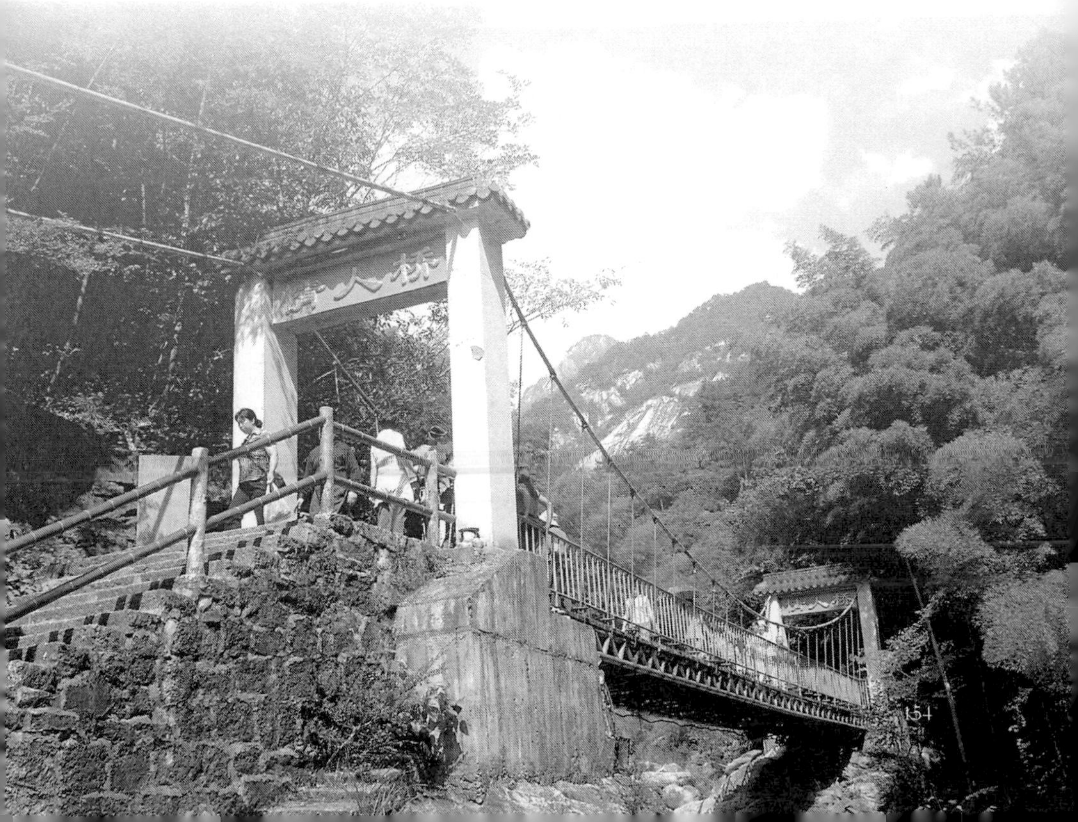

情人吊橋，便掉入綠色深宮了，溪水深處成潭，加上天光、青苔映成彩池，依地勢落差，流洩成飛瀑，陽光照耀，水動石變，深宮多機巧咧。

我們沿著谷地往山裡走，一路彩池相伴，地陪誇說大小彩池有一百多個，美麗的是都有懸瀑或斜流連綴，好像銀線穿綴碧璽，垂飾在秀峰綠樹間。

嫘祖梳妝

好像走了不少路徑了，正中午太陽很大，然而連風都感覺是綠色的，來到龍鳳池。

哪有龍，哪有鳳呀？

有啊，有啊！

潭水彯然，深綠波紋如龍翻騰躍，潭邊漣漪淪淪成扇，那不是孔雀開屏嗎？原來陽光洄漾，龍潛淵，鳳濯羽。

臥虎藏龍一定要在這兒取景了，天然之美怎是人工可以造設的，那種翡翠、寶藍或靛青，以及莫名的一點橋。於是每個旅行社幾乎都會安排這景點，只是屬於蜻蜓點水或漫遊盡興，則大有不同了。

過龍鳳瀑池，又有四個瀑布連綴而成的四個翠池，傳說她們是由嫘祖的梳妝用品化成，這四個翠池，一池：花鏡池，形如圓鏡，四周有小碎疊石，好像鏡子的花編雕飾；二池：碧簪池，形如碧玉簪，水由淺入深，淺處青翠，深處黛綠；三池：綠珠池，瀑布傾注，綠竹翠樹夾岸，上游流下樹葉或花瓣浮波，水色嬌豔；四池：玉環池，兩大懸瀑之間屹立了一塊巨石，說那是玉環套石。楊玉環的小手都如此胖胖，肉肉的全身喔去想像吧，不過豐滿歸豐滿，一定要能像這懸瀑會跳舞才成。

再往谷底走，瀑布從高處斜飄而下，到底部才順石勢漫開，彩虹飛動，炫麗耀目，像舞動的霓裳羽衣，名叫霓裳瀑，瀑下就是如錦似繡的霓裳池，傳說嫘祖每天都領著仙女來這裡展示她們的織錦的。

百多潭池

其實這條河谷，說穿了就是洞洞坑坑，不太乖順，所以一路去全有許多有趣的池子：猴照鏡池，猴釀酒池，一山清冽的池水，嬉戲奔逐。導游好像說有一百多個潭池，那些潭池都距岸邊不遠不深，我們踩過幾塊石頭就能摸摸冰涼的瀑水，有不少情侶就手牽手的站上岩石拍照或玩水。

解說員又要說什麼情人的故事或神話了，黃山有其神話，松景有其神話，民情風俗有其神話，這黃山腳下的翡翠峽谷霑得天庭幽輝，有特異的風情，也有很多神話。一切美景，如果真的很美，美得解釋不出原因，大概終於都會歸之於神話。

神話沿著山谷迴聲的響著，風也來聽吧，草也來聽吧，谷中一塊塊大石也來聽吧，不論世紀多麼變幻，不論風雨多麼侵蝕，它們不改它們跨越數個世紀的容顏，這分浪漫給人們帶來一個純真美麗的藝術世界。

慢慢的，走到愛字岩了，日中的陽光花啦嘩啦的，彷彿這谷地是它特別在萬山群峰上開出的跑道。而我們也該回轉了，乘興而來盡興而返，也是旅行快樂的藝術呀！

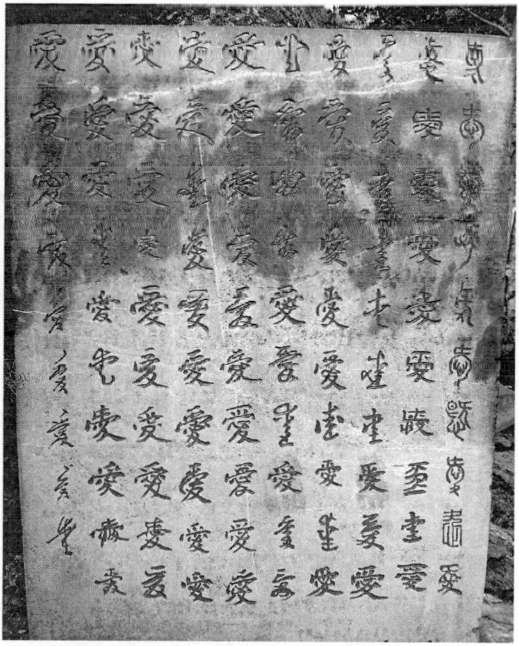

翡翠谷底的愛字岩，所有的深刻都是愛。

黃帝真的來此煉丹，煉丹臺不騙你。

捌

畫裡黟縣

黃山古稱黟（音一）山，山腳下有青山環抱的縣城，黟縣是徽州面積最小而又最富古趣的縣城，因為縣內十多個村落共有明清建築四千多座，尤以煙霞間的小桃源：西遞和宏村最有名，最可親，存活呼吸著的歷史和風土。

船航西遞

像一本開卷有益的書，那般悅樂。

像一處博觀悠久的畫廊，那般豐饒。有清新淡遠，有水墨煙暈；有深邃堂奧，有精工雕塑；豐饒的各種創作耐人尋味。

像一闋美妙的樂曲，叩響音符。

像一處親和的野地，素顏純厚。

人間的福地，就是這樣，可以安身立命，可以雞犬相聞，可以作心靈自在的歇息。

西遞到了

當遊覽車七彎八拐駛上一個丘坡，西遞村一下子展現在我們眼前。

我們所看到的，一片欒樹葉紅、瓜攀藤捲、野地青碧的人家。村子建在一片緩坡上，周圍是大片的綠色田畦，田畦一片片的，七巧板一般，依地勢而開墾。在田畦之間，是婉約的小溪和披滿紅葉的矮樹，放眼望去，似艷麗的油畫，又像一首山園詩。然後，真正來到村前，村前好大一個水塘，從夏日開的蓮荷此時秋天了，仍浮漾水中。只說徽派村落十分重視門面，看看村前這水口就知道了。

煙霞桃源

黃山古稱黟（音一）山，山腳下有青山環抱的縣城，黟縣是徽州面積最小而又最古老的縣城，但是縣內十多個村落共有明清建築四千多座，只因山陵綜橫交疊，各自成了一處碧障的天地，得以躲過了戰火的摧殘，有福氣的完整和真實的保存下來。

尤其皖南的這些明清古村，李白來遊，曾經賦詩詠讚：黟縣小桃源，煙霞百里間；地多靈草木，人尚古衣冠。他曾到過的碧山，更是寫了酣暢愉快的八句律詩：暮從碧山下，山月隨人歸；卻顧所來徑，蒼蒼橫翠微。……

這些村落中，我們來到最為人知的「西遞」。

入口牌坊

村口一座大牌坊，頗具氣勢。

那牌坊用青灰色黟縣的上好青石砌築，摸起來冰冰涼涼。高十多尺，圖案豐富，上面以石雕斗拱承挑檐頂，頂部裝飾了鴟鴞的尾巴，匾額上還刻有「荊藩首相」四個字，坊上更雕刻了獅子滾繡球，而護柱石獅子不是一般蹲坐的樣式而是作勢躍下，威武非常。聽說這牌坊是石坊建築的瑰寶，建於明朝時候，風霜的磋痕，讓牌坊多些古逸。

村口青石砌築的大牌坊，上書荊藩首相。

細說西遞主人

買了門票，由於大隊人馬，便派了一個解說員。她說：西遞村基本上都姓胡，不姓胡的，也多半有親戚關係。

「每家都彼此認識！」她還補上了一句。

我想起我父親也曾跟我交代過，他說若有哪一天必須要我自己回安徽老家，只要到陳家寨，不必開口，就有老人知道是哪一房的回來了。這一刻我好像有些感悟。解說員對西遞很自豪，她說：西遞是有貴族氣質和傳統的村落。

據《胡氏宗譜》記載，這個村裡的胡氏宗族，始祖不姓胡而姓李，是唐朝皇帝李曄的小兒子。當時唐朝已幾近是末代了，梁王朱溫兵權在握，早已預謀篡位，終有一天，皇帝李曄被趕出宮中，途中，皇后生下了一男嬰，為免遭遇不測，李曄就將這男孩藏匿民間，而收養孩子的就是一個徽州婺源人，叫胡三。胡三為了保護孩子，便順勢將孩子改姓胡，取名昌翼。

一直到一百年後，大約宋朝時候，胡氏的一位先祖因有事情途經西遞，被這裡的山形水勢所吸引，他見青山蔥郁，溪流明澈，從北、從東在南面匯聚，真是福地。於是便把全族人從婺源遷居西遞來。

來到西遞以後，先開始以務農為生，但身為帝王后裔，內心裡卻沒有忘記貴族的身分。他們重視教育和家風，亦耕亦讀，有官至膠州刺史、荊王府長史的，並又隨時代加入徽商行列的，徽州商人懂得掌握水路運鹽，富甲一方，清朝道光年間，甚至還出了個江南六大富豪之一的胡貫三。所以這裡曾經一度非常豪華，金碧輝煌，在整個徽州皖南可以算是最華美的。

溯源西遞

可是，這個地方為什麼會叫西遞呢？

西遞名稱有兩種說法。

按清代黟籍學者余正燮說：「西遞在府西，舊為遞鋪所，因以得名」。「遞鋪」就是驛站，通俗一點說：因為設有驛站的這個村落，位於徽州府衙（歙縣）的西面，所以叫西遞。

又根據《新安名族志》記載：「其地羅峰高其前，陽尖幛其後，石獅盤其北，天馬靄其南。中有二水環繞，不往東而往西，故名西遞。」這一段話的要點是說：流經這村的兩條小溪，非如大多數河流向東流，而是向西流，因而這個地方叫西遞。

這兩種說法，聽來都有一定的道理，或許兩種來由兼而有之吧？

穿街走巷

大隊人馬終於進村了。以青石鋪地的街巷走起來很舒服，巷弄又傍著水溝，水溝裡流水潺潺。

大張說她決定要拍三百張照片。我笑說她在拼業績，神經了。

「不拍？你回去會後悔！」

寬巷道前多半有人家的正門。正門上多門牆、雕花，而鐫刻在正屋門楣上的字詞，不但代表了一種傳統，甚至還代表一種家訓。而每戶人家的宅前屋後，或多或少都種

村中的商店街

有幾畦菜蔬，有些瓜藤還攀爬到很高的牆頭上了，古屋新綠，多美的畫面，連落款都有了。當然，這情景是不能放過的；當然，大張也要回笑我：神經了。

村中有許多人家都開門做著生意，賣字畫的、賣古書的、賣紙筆硯的、賣茶葉的，還有賣燒餅、小餅的，使得每個巷弄都有不同風情。窄窄的巷弄也有趣，蹲下去看天，只在錯落間露出幾角馬頭牆，馬頭牆就像飛羽，樂得我們大叫。我們又發現有條巷弄，通向稻田，沒甚麼遊客，確有學生寫生。

村中小窗口商店

迷航樂趣

我們迷路了。不，不能說迷路，因為路很多我們也都知道歸向，應該說：落隊了。

我們這團有領隊、有導遊，也有解說員的，可是因為旅遊人潮太多了，小巷太多了，聽說有九十多條，多按幾下相機，從彎曲的小巷後就不知大隊人馬開到哪去了？起初，我老公和領隊還常回頭叫喚我們，後來大概也懶的管我們了。

反正「丟」人的不是我一個，還有大張，她更是瘋拍；也還有走路很慢的玉娟，她是正港的山水畫家，細觀細賞。有做壞事的同伴，這下臉皮可厚了，我們決定就自己看、自己玩，而且硬了心說：大不了，錯過午餐。

「秀色可餐！根本不會餓。」聽聽這群厚臉皮人的話。

胡氏宗祠，細閣紋整齊密致，從大門口的柵欄、門楣，不僅聞到木材香，整個看去，還像先祖炯炯有神的面孔。進入宗祠，偌大的天井，一派方正、通亮，說話都有迴聲，後面是敬愛堂。難怪古人犯錯，一聽要進宗祠聽訓或發落，就要腿先發軟。我跟大張說：一進門，先嚇破半個膽！堂上沙啞聲再說：「不肖子，跪下，祖先神靈……，哪個大膽子孫還敢犯錯！」這段話好笑嗎？大張竟然笑得彎下腰，趕快讓開。

我還搞不清是怎回事，她們幹嘛跑開呢？轉頭一看，嚇了一跳，原來尋人的人來了。古蘑老公找來了。

古屋豪宅

由於村中有古宅百餘幢，康熙年間建造的「履福堂」，有石雕的門樓，古色古香，廳堂陳設很典雅、精美。徽商家居的最智慧處，就是奢華中還充滿書香氣息；說白了，徽州人又商、又學、又仕、又農，光讀書不經商太窮，光經商不讀書入仕便沒有權勢。家裏的孩子，有讀書作官，有經商發財，若還有孩子，則務農營家，亂世溫飽，盛世權貴，面面皆顧。就從桃李園看，這個宅院由一賈一儒的兩兄弟共建同住，三間院落，一間是經商的，一間是讀書的，還有一間大家共用，布置不同，例如讀書的那間，就布置了歐陽修的醉翁亭記屏風。雖然擺設不同，但是都有鏡子、大花瓶和穩當方桌。

還有聰明的徽州人創造出他們獨特的執著，屋樑側邊設計成「商」字圖形，堅固有擔當，讓你放心，而又暗示著：不管你是誰，登堂入室後都得從「商」字下低頭走過。

和徽州其他古村相比，西遞的旅遊資源開發比較充分。清代民居「大夫第」是朝列大夫胡文照的故居，在「大夫居」臨街的一面，懸空挑出一座飛檐翹角、小巧玲瓏、古樸典雅的「繡樓」。這本是胡文照給夫人、小姐歇涼觀景用的。很會動腦筋、搞創意的村人，就將此樓當作節慶活動「拋繡球」的場所，使得西遞，一年四季，都有很多前來遊玩的人潮，相對的也創造了更多的商機。

現在，西遞村仍然是皖南比較著名的一個大型的、胡姓聚居村落。我聽得別團導遊正說著：由於西遞村像一艘大船，所以村莊才會興旺。

隨著人潮，還沒看清是哪裡，就被推進一戶人家的偏房跨院。門框上磚刻精美，或浮雕或透雕，所有木建部分都雕上圖案，有花鳥水雲、農耕狩獵，非常講究，看來應該是屬於女眷住的，看不到樓梯在哪，定是設計時採隱藏式的，徽州住宅窗高縫小，格外謹守禮教。這偏房閣樓的木雕花飾非常漂亮，欄板、斗拱、窗扇、圖案也很富吉祥，五隻蝙蝠，象徵五福臨門；牡丹和白頭翁，象徵富貴到白頭。

說來整個村中有富麗的宅院，有雅致的廳堂、精巧的花園，有用黑色大理石制作的門框，磚雕或石雕的門罩及漏窗，都很藝術。這些住宅大多是長方形的合院，有的兩進，有的三進，堂前有四水歸田的天井，旁側是偏房跨院。也有些房子幾乎相通連，每幢分為數進，院牆再用水磨磚砌出漏窗，極具層次感。

其實最讓我喜歡的是青石板路。讓我想起鄭愁予的詩，青石板路，響起搭搭的馬蹄。青石板路真的很美，就算是多雨江南，雨後立即清朗潤淨。巷道、溪流、小樓房，很多彩呢！

楹聯偶拾

村子裡真的很有看頭，磚、木、石雕刻是著名的徽州三雕外，徽州人重商崇學，在這裡家家戶戶都有自作的楹聯，有的是感歎世態，有的是孝悌傳家，有的是家訓銘記，激勵後人。我匆忙中摘錄了一些：

讀書好，經營好，效好便好；
創業難，守業難，知難不難。

二字箴言惟勤惟儉；
兩條正路曰讀曰耕。

孝悌傳家根本，讀書經世文章。
淡飯粗茶有真味，明窗淨几是安居。

個中品味不一，卻都蘊含了務實的人生哲理，現今讀來仍是有趣和實用。

我很喜歡這一片皖南山區的古村落裡，好像能世世代代生活在恬靜中的感覺，我妹妹就說很想買一間這樣的房子，唉，徽州的美是遺世獨立的又是婉約細膩的，忙碌的人有那麼多要匆忙的，買不起，也簡直奢想。何不快快樂樂來，輕輕鬆鬆的走？

向停車場去，感覺好像還有點時間，大張說：用跑的，到那邊高一點的地方。我說跑不動了，就用想像來滿足對西遞的好奇吧？

黟縣的西遞村，整個村落的平面像是一艘揚帆遠航的大船，正順著這個村子的水流。順水流看下去，一帆風順，水口有密集的山巒，一峰接著一峰，步步高升，而群鷗相攢，悠遊萬里，這是一種大吉風水。西遞村風水好，大船遠帆遠航，我們遠渡重洋來到這裡，也是人生福氣。

回眸

西遞為夾溪水而建的長條形村落，建築群落整體性極佳，給人以緊湊精美的感覺。整個村落空間變化韻味有致，建築色調樸素淡雅，我們認為是因為用心整修，也用心維護的緣故。

中午近一點鐘了，領隊又找到第二次迷航的我們，拉著我們離開西遞，上車。村中小飯館的炊煙香氣瀰漫，將整個村落罩上一層輕霧。

青牛宏村

宏廣發達。中國人普遍的期盼！

別說它老套，別說它俗氣，誰不希望健康如意，子孫繁盛？

因此取名宏村又名弘村。

黟縣的宏村，是一座以「牛」來比喻它平面佈局的村落。宏村的確很美，它的北面是榛樹成片的雷崗山，東面是翠綠迤邐的東山，都是雲蒸霞蔚的黃山餘脈。羊棧河、汐河碧水川流，在宏村西邊交匯，南面是一片肥沃的農田。

走進宏村，首入眼簾的是一個很大的湖。

很美的湖，美得讓人羨慕，怎這麼恰好，就在村口能有這樣一個大大的湖，春天柳綠拂曳，夏天一湖荷葉荷花，秋天野鴨悠游，冬天白雪若棉。有這樣一個偌大的湖，清風徐來，生活就是幸福！這樣一個人工湖，在講究村口風水的徽派建築理念中，這湖水的清澈，倒映的天光雲影，環湖的參天古樹，可都象徵著整村人的幸福。

南湖書院

一過小拱橋，臨南湖畔矗立一座最壯觀的建築：「南湖書院」。

原先是村中的一處家塾，但是所有子弟都可以來讀書，於是培育了很多汪氏子孫。後來擴成「南湖書院」。徽州商人非常重視教育，在外鄉賺了錢後，便大量匯回家鄉興學，這是徽商的信念之一。

我們進入書院裡，「志道堂」楹聯上很簡單明白的說：「細嚼梅花讀漢書」，一塊橫匾，寫著：「蔚為國華」，家族裡的期望一語

入村小拱橋，李慕白回了！

道出了。其實不止這書院，村中還有一處「樂山書屋」，雲牆、門聯，讓人迫不及待的想要一進堂奧。

好可惜，我們來的這一天大門鎖閉著。

曲巷沿水

數大就是美，宏村的古建築都是粉牆黛瓦，疊院層樓，碼頭牆序列齊昂。一百多棟粉牆民居，是大美；穿街繞巷，蜿蜒曲折，門重水複，是美；一色青石板平妥鋪砌，也是美。巷子很有特色，巷子兩側是高高的石牆，牆頂端是排比翹首的馬頭牆。行走古巷中，呼吸的是清新的空氣，眼前展開的是浸透了的感情。

小巷夾著溪流，緣著溪水回家。真是好玩啊！

盈盈眉眼

從南湖進村來，隨意走上任何一條小巷，緣著高牆，溯著小溝上行，豁然開朗時，就見到一泓月形池塘。

這半月形的水塘，稱月沼，也是宏村的中心，環湖的民居、散步外出的身影，洗碗洗衣、大白鵝小黑鴨的，還有喜歡熱鬧的雲彩全聚集來，紛紛倒映在湖水中。

不過，那時候宏村怎有這樣的建村特色？這小村莊的建造規畫，很有眼光和膽識。說來，竟然是一位女子。

那位女子名重娘，她的娘家就是最重風水、環境的西遞。胡家姑娘嫁來宏村汪家，感於夫家汪姓宗族不夠興旺，族人生活環境雜亂，祖輩不斷遭受火災之苦，聰明的她，覺得一定要從水利環境方面做長遠的徹底改善。

她邀請來父親的摯友，著名的地理風水大師，重新勘測及規劃。當時，她的丈夫汪辛在外任職。為了把宏村規劃成世世代代的安居樂土，她每天坐轎陪同著風水師傅在外奔跑，詳細調查村外村內的山脈和河流走向。

經歷了十年，又獨自出資白銀一萬兩，科學的村落水系初步動工了，就以村外的雷崗山為首，引西溪水進入村莊，匯合四方山泉，開掘為月塘，作為「牛胃」，然後開挖四百公尺的水圳作為牛腸支管，接連整個錯落的民居房舍，從而這個牛型村落的基礎奠定了。

至於這月塘，在開挖時，很多人都主張挖成一個圓月形，但是胡重娘堅決反對。她認為：「花開則落，月盈則虧。」花半最艷，半月蘊藏最富，所以只能挖成半月亮型。出錢鑿湖的是胡重娘，當然以她說的為定案啦！

最佳代言者

這一天，不是假日，但是來宏村的遊客實在太多了！宏村，推銷應該很成功。現代推銷術講求的是代言人，然而誰最能作宏村的代言人？不是媽斗，不是明星，而是湖畔寫生者。一入宏村，南湖邊就坐滿了寫生的孩子，來到月塘，那些寫生的孩子本身，更是月塘美麗的風景。

「她們畫得好嗎？」團友玉華問我。「很棒耶！」敢於這樣在公眾面前提筆就很了不得了。我當下就很感動：是他們聯手創造了一個精彩的天地。畫畫寫生的大孩子，每一步每一筆，都是選擇，都是認定，都面對潔淨無瑕，而宏村的美麗也在孩子的筆下流傳更廣遠。

皖南古宅

說來，很多人喜歡宏村，有一大部分的原因在於宏村的古宅，入畫美，行來美，逛宏村最能領略徽派皖南民居之美。

的確，皖南，明山秀水重重聚密，錯落在峰巒疊翠、綠水縈繞、悠美景致中的古村落，千百年來，在獨具巧思的發展中，將渠塘、巷弄、鄉亭、老樹、民居……一一鑲嵌在周遭

南湖邊的寫生者，宏村的最佳代言人。

的山川大地中，建構出天人合一、動靜相宜的徽村風貌。

尤其，徽州自古以來，人文薈萃、英才輩出，在文學、醫學、建築各方面都造就了特有的文化風格和傳統，到今天更覺得這保留下來的文物古蹟、民情風尚十分珍貴。

阿標大哥早來過了多次。從村外全貌到進堂審視內部窗門斗拱，他像是走灶咖一樣熟悉，我和玉華都跟著他。

他先帶我們到承志堂，承志堂是來宏村必入的廳堂，廳堂內雖然空間不大，但是飛金重彩，精雕細鏤，主人建造這屋宇時候，僅僅用於木雕表層的飾金，據說就用了黃金百餘兩，經過百餘年，到今日審視仍然金碧輝煌。我們仰頭看得脖子發痠，又展用尼控三百的鏡頭，看得工匠的手藝巧啊，木雕上人物的臉色，喜悅、討好、恭賀……，栩栩呈現，而且層次豐富。

承志堂被譽為民間故宮，很可惜擺設的東西並不多，但是門欄、窗櫥雕得真是美麗，門罩、天井、漏窗、花園，更富精緻韻味。有人說：「看豪宅就看細節」，好像頗有道理。

樹人堂的牆上有可愛的隨興的竹根雕飾，很有趣。敘仁堂的院子裡有一棵百年牡丹，好可惜，年初大雪，凍傷了很多苞芽。而上元廳桃園居等祠堂古樸典雅，也讓我們流連再三。

由於我很喜歡老建築中的牛腿圖像，幾乎能拍就拍。房屋簷下的牛腿，不只對樑柱發揮一定的支撐作用，當然也具有裝飾作用，在宏村裡，你不僅可以看到花卉鳥獸一般的圖像，更多的有吉祥八仙、祥雲飛天，多層次的雕刻，真是精緻美觀。

看著看著，我想到我的同來出遊的老公，這種木雕東西是他的最愛，不知他站在哪一幢民居中對著滿屋木雕讚嘆！他從不帶相機，只喜歡看和問，很想買又老覺得貴。當然，我拍的很多很多，連老宅的屋角也拍，那屋角上也浮雕了漢字呢！

出老房子，我每每回顧，光看這門牌、額枋，氣勢就不尋常了，可是在皖南，這卻是尋常事物。唉！好羨慕唷。

紅白老樹

整個宏村呈「牛」型結構布局，被譽為當今世界歷史文化遺產的一大奇蹟。貫耳的「牛形村落」，村中一片平坦，我有緣的來了兩次，都只能想像站在高處，俯瞰一頭斜臥在溪邊的青牛。走進村裡，我們一直笑稱正走在牛腹中，伸手到長水圳中，我們就笑著說：牛腸撈寶。宏村西面的山溪上有四座木橋，「『牛腳』底加啦！」，我們就跑到上面去跳一跳！

其實，這是我第三次來到宏村。

這小村對我並無任何地緣或血緣的關係，全是因緣際會，我卻能來到三次，每回來到這小村，我都有一種隱居的心情。走在平坦的石階巷道，我內心非常平靜，尤其每個巷子互相穿通，我彷彿回到小時候的眷村和鄉下的土角厝。

在村北口，我們特別前去溜達。村口的兩株大樹，一棵紅棗（紅楊）樹、一棵白果（銀杏）樹，六百多年的高齡，讓它們長得好高大！約有二十多公尺，我怎麼選角度，都沒有辦法把整棵樹影收進鏡頭，村人賦予它「牛角」的殊榮，難怪！

又回到南湖前，我一面拍照一面環顧村內，一種舒緩的感覺，在臨去前感受特別深刻。

老婦人的手工小娃鞋

玖

富餘屯溪

位於黃山南麓，在新安江上游，四面青山環抱，綠水穿城而過，自明清時代就為商埠重地，徽商鼎盛，而今黃山市政府就設在這裡。

屯溪老街

屯溪老街，簡單說就是屯溪區的一條人潮匯湧的步行街。

因為屯溪屬於黃山市，來到黃山旅遊，不論上山前，或下山後，遊客都會自動來此或被地陪放逐在此。

這兩種境遇，我們都嘗過。

當然，這兩種滋味有何不同？其實也沒不同，只是我比較敏感、龜毛。自動來此很自在，被地陪放逐，地陪會先講一堆如何如何的話，再約定集合時間，再強調你晚回，就自己想辦法回旅館……，心情緊張，已經沒有宋朝時候的悠閒、古典和純樸厚道了。

老街牌坊前。

起源於宋

據說這條老街起源於宋代，距今有千餘年歷史。

不過你千萬別這樣想，以為走在千年前的青石板路，思古幽情。那可要失望極了。第一次來這裡之前，想到要到宋代的街上走走，興奮得不斷在腦中勾畫老街的風情！像浙江泰順的徐香底古宅那般嗎？像清明上河圖中的宋代街坊嗎？……

老街全長約一公里，兩旁只是現代版的明、清徽派雕花建築，就是現代商店街而已。

老街上較現代的店家。

幸好屯溪老街的房舍古意，有古玩店、玉器店、字畫齋、文房四寶鋪、徽派餐廳、食品店……還有一所戴震紀念堂。

殺價大刀砍

記得第一次來，二〇〇〇年。晚飯後，和父親散步來這看別人做買賣，門外漢的兩個父女，當然甚麼也沒買，只覺得看他人討價還價，從三分之一處下刀，然後硬加硬守，你來我防，好痛快！

第二次來，二〇〇七年秋天了，地陪把我們帶來老街牌坊下，面無表情的說：五點集合，晚了，自己叫車到酒店。這裏也沒啥好買，明天的景點全有，比這好！

我們早已決定來這買一錠「唐墨」。不是說唐墨特別好，只是想在旅行中買個實用又有紀念的東西。

我們逛到一家徽墨鋪子，老闆說他的墨錠不輸胡開文墨。我們挑了一錠「唐墨」，開價兩百元人民幣，哇！將近臺幣一千元，太貴了。臺灣埔里的墨，兩百元台幣就已經有上好的了。

我們本要出店門了，先生說：來殺價試試，旅行嘛！

於是開始殺價，出四十。

老闆說：不能賣。再給高一點。

「五十，就五十。」我們邊說邊已經出店門了。

「好吧！看你們文化人，就賣五十這個價吧！」

哇賽，四分之一耶！

這次來，因在行程中已經寫明有逛老街這一項，所以在家裏時，就打算好主意，買枝可以畫荷花的特大筆。

找了家筆莊店，又比較了另一家筆莊店，居然找到可以畫荷的大肚大長鋒的羊毫筆了，才以一百元人民幣成交。在大陸買東西不必不好意思殺價，至少三分之一處開始。

我們夫妻都是很知足的人，揣著戰利品快樂的得意的在街上亂逛、亂看。

萬粹樓是家私人博物珍藏館；三百硯齋，珍品不少，屯溪博物館，啊，另一種賣場；布織道，有賣很多圍巾、紅木絹扇……

同名品牌

再逛，甚麼，「亞南牌毛筆」？「經濟實用」。真的？

「我甚麼時候有自創品牌的？」

我們不約而同往店裏去。

狹長店面裡一案一案的墨條、硯台，我一直叮囑自己別碰著了，賠不起呦！再往深處去。老闆在那兒！

老闆一個大個兒，壯碩，穿件汗衫，正在和幾個學生試筆。一面試筆，一面叫住了我〃

「你看這筆好用吧，我寫這字多輪轉啊。」他寫的是「劉亞南」三字。說實話，若寫自己的名字還寫不好也夠嗆的。那鐵定沒文化。

老闆寫的三個字還算不錯。

我老毛病犯了，也拿起筆來，在試紙上寫：永和九年歲在，又寫了行草：陳亞南。

這是我開的筆墨莊嗎？

「好啊，你也會寫簡體字。」

「二王行草。」我回應。

「你們知道她這種筆法叫甚麼來嗎？我看她也不知道……」說實話老闆的口音，還有他在問甚麼，我一時間真沒有領會。幸好老闆自問自答說，而且寫在試紙上：「掠筆！筆要會轉！」

「王字要斷筆，跌宕！」我怎能認輸，當然要反擊他，而且我認定他能看出我們從臺灣來。「你這隻筆不適合寫二王字，適合畫花卉，筆肚略大，筆鋒略短了。」

話都說出口了，怎能停住手呢？再要了一張試紙。老闆給了我兩張。

兩張就兩張，誰怕誰？

一張我先畫蘭花。一面畫一面臭屁說：畫蘭就是要運用書法功力，筆要轉，轉筆，蘭葉才會搖曳。

店中有學生跟他的朋友說話了：喂喂，遇上行家了。

「你畫的有兩下子嘛！」老闆說話了！

我沒有說話，繼續第二張畫牡丹，一朵。「我臺灣臺北來的，還在習畫階段。老闆讓你見笑了。」

「你的老師是高手。」少停後，「你們看她這畫要怎麼形容？」

觀戰的學生不說話了，但還是有人小聲問我：你學藝術的唄？」
「沒有。家庭主婦！」畫完牡丹，落款題字。
「我給你下個評註」老闆說。他沒說就在另一張紙上寫了「靈氣」。
「你會畫竹子吧？狼毫筆娜！」
「你的這紙太小，枝幹一伸，布局不易破。」我畫了一枝數葉。

厲害徽商

事情到此，如果就結束了，或者老闆只是拍拍手稱好，那我也不會對這老闆佩服連連稱「徽商啊，徽商啊！」。真不愧是中國生意的大幫派。
「這筆的確好，對不！我送你個題字！你要幾枝？」老天我還沒有說要買筆，他已經順竿往上，題上了「亞南用筆」。
「你的專屬用筆，用得好！」我還非買不可呢。
我正低頭看筆上的刻字，哪知，老闆說：來筆鋒長的，狼毫書畫雙用。然後大喊：包了啊！那聲音真像舞台上的掌櫃吆喝。

「十五！」出價。我還沒從一半砍。

「二十五！你沒看看我這一身沒袖汗衫。」哈，意思是兩袖清風。果然，「沒賺甚麼錢，就白忙耶！」

好吧，好吧，不能還價，包裝一下總可以吧，怎就用一張破報紙箍紮著？

你想不到老闆又怎麼說，他舉高了腳，一雙舊拖鞋。

「我也希望有雙襪子穿回滁州。」

服了。服了。人家說徽商會做生意，也一肚子學問。吃苦耐勞，也柔軟堆笑。真厲害啊！

花山石窟

異次元之謎

整個空間被寒氣包覆，未有寸草，隱隱的石柱，龐然立在朦朧的轉角。

入得洞窟來，莫知的神秘讓人奇異著這腳踩著的石床、石岸，手觸著的石壁、石柱，燈光天光交錯，話語與腳步聲迴盪的地方，究竟是人世第幾空間？
說不出是怎樣的氣勢，結構詭奇，溼滑的層層階梯連著巨大石柱，套句現代話：一體成形。
怎麼會有這樣的地下石窟？

地下石窟

這一區域的地下石窟，位置在安徽省黃山市境內，靠近新安江上的花山內。當地農民在清除花山淤泥時候，驚訝的發現花山下有個很大的地下石洞，洞廳面積約有一千兩百多平方公尺，巨型古柱支撐著成四十五度傾斜的洞頂。而後更令他們驚訝的：這種石洞不只一個而是一群群的，而且不是天然而生的，內壁上有整齊美觀、清晰可辨的人工鑿痕，斜線紋精心整飭，縱橫交織。

究竟是什麼人弄得？要做什麼？為何其他區域石窟也都集中新安江流域？一個小村莊下竟深藏著那麼多的龐大洞窟？如果地震它們會不會陷落？

古蘑老公和領隊緊繃著表情，全神戒備的盯著我們，因為石窟中並非全部為石地，反光格外亮的區域是一段段地下河，多寬？多深？不知道！會不會另一個沈萬山，做海外貿易，貨物、銀子，從這裡經衢州─爛柯山─龍遊─蘭溪，再直達到浙江西大門，皇帝都管不着了？

「根據中國史料《新安志》記載，東漢時期，西元二〇八年，孫權為了要削平這一帶的一部分山越，曾派大將來這江邊溪水之上屯兵，後來就命這新安江上游的這些水域為『屯溪』。」地陪講說的言之鑿鑿，也有些道理：屯兵和儲備兵器彈藥，才有那麽大的做工部隊。可能吧？只有國君下令才會有這樣地下豪宅，很多層耶，有再下一層的，也有再上一層的。

神蹟仙人說

轉過一處石角，轉到另一處壁洞。阿標說雖然已知道很龐大，可也沒想到竟如此浩大。

「神蹟，中國民間故事中有太多不可思議的故事。」離這新安江不遠的下遊地方，有一座景致宜人的爛柯山，樵夫王質在這山中遇見兩位仙人下圍棋。因而放下斧頭興味的觀看起來，仙人一旁的童子給了他一個像棗核的食物。不久，童子催促他快快回家。王質一看，隨身攜帶的斧柯已經爛盡了，返鄉時，才知道時光已經流逝百年，他的妻子兒女都已去世。

爛柯山裡有一道壯觀無比的大石樑，它東西走向，南北中空，如一座巨大的石拱橋，傳說中跨過那座橋後就能看見仙人下棋。花山與爛柯山相去不遠，神仙麈尾一拂，便可翻過幾千里。

導遊很盡責的解說，古磨老公寸步跟著聽分明。有人說是來運輸的；有人說是地下城堡宮殿……

我比較相信這跟神仙有關，電影《阿凡達》的靈感就是從張家界、黃山而來的，編劇一定有看到仙人或著精靈。何況有著以群洞作福地修身養道的道家，他們的第一福地，齊雲山就離這石窟不遠。

聽說這方圓一平方公里的地下，類似的洞窟至少還有十幾個。

當然是神仙遊戲或者試法力弄出來的。人間神蹟究竟有多少？曾經到此一遊的大旅行家徐霞客也未能發現一點點蛛絲馬跡。

導遊說誰能找出原因，可以有巨額獎金。

這個可能是世界第九奇觀的地方！

石窟外可是湖光瀲灩喔！

世界第九奇觀

花山謎窟古徽州的的石窟遺址，屯溪地質學家據洞內三十五號石窟中一條五釐米的石鐘乳初步考證，謎窟群可能始建於一千七百多年前的晉朝，是目前中國發現的規模最大、謎團最多、面積最大的古石窟遺址。目前，整個花山已探明的大小石窟有三十六處。

在這大迷宮裡，我發現一處燈光下的石柱，竟然像一個抿嘴的側像。我跟阿標老哥說：你看是太上老君，或者夸蛾氏（神仙中的大力士）？

「你拍照時怎麼這麼多的想像？」

因為習慣和自知之明哪。我怎有能力去研究石料去向、石紋痕、花紋圖的？如果真要我回答，我要說被朱元璋拿去蓋地下陵墓的。

回來追記這石窟一遊時，正巧很多節目談論著發現幽浮，外星人確實來到地球事。地球北緯三十度附近至今仍存在著世界上眾多謎團，普陀山觀音發源地，皖山大柱奇峰、嘆為觀止的黃山，而花山謎窟也位於北緯三十度附近。大膽猜想，這一切是外星文明的傑作。

有人說：對孩子，最大的幫助就是不幫助；那麼，對這石窟，最大的謎團破解就是不破解。

目前只開放少數的幾個洞窟，一個早上的異次元感受足夠了。出得洞窟外，再見陽光，豁然開朗，幾乎覺得是重生。陽光太可愛了，我們逛逛石窟前的大公園，吊橋橫過花山湖，錯覺的以為湖水似乎是浮在花山謎窟之上的。再向前走走，整片低地視野開闊，全都是草場，馬兒低頭吃草，牛兒河中戲水。屹立在五百公尺的崖巖上，有數個凸形岩石伸出半空中。

太陽光下應該處處是神蹟吧？

花山石窟有人說是世界第九大奇蹟，真的？

泛舟新安江

緣溪

眼光左左右右的投往河的兩邊去。

東張西望是旅行時候的痛快。每一條道路，無論通衢大道或是巷弄曲徑，都有看不完的浮世風情，何況這樣的一條從安徽的古徽州區到浙江的新安江。

遊船走唱

新安江從安徽發源，古徽州的母親河，也是安徽省境內唯一屬於錢塘江水系的大河。遊黃山的行程中，幾

新安江橋下，泛舟啟始。

乎都安排了夜遊新安江的活動。

從屯溪老街旁的觀光索橋下坐船出發，索橋上有盤懸而上的眺望高臺，我從小船的窗口看出去，橋上確實站立不少觀望的人，好像我小時候常到公園去看人家坐船那般的情景。

這簡單的觀光遊船，船艙裏有整齊的桌椅，供應了茶水、瓜子的茶點，還有拉胡琴的師傅和主持歌唱的小姑娘。對於這樣的船，我很熟悉的，上一回前來就搭了一趟。

我跟得之姐說，有瓜子、花生，還有卡那西。

「卡那西？你說北投的走唱，這兒也有。」唉，嚇到文靜的阿趙美女。不是卡那西，其實和卡那西也差不多的卡拉ＯＫ。「正派嗎？」唷，得之姐啊，不要每天一臉嚴肅的，出來旅行，又不是來行軍或者修行！

開船了，師傅的胡琴演奏也開始了，尋常小曲演奏來很好聽。我還是老習慣，坐車尾坐船尾，什麼都好看可以看。胡琴音樂配合著船行速度。漸漸的，沿江的湖山別墅、學校，飛近了視覺。

「等會兒下船後去逛那兒，怎麼樣？」我好像也習慣對空氣驚呼。

當然一定有回應，那就是古蘑老公。

「不可以講話！」

哼，管你的，就是要講話，我跟我共座的團友講。

游船散步

河邊草地、豪宅，不能錯漏；再前一方，有溼地公園，乾脆站起來向外望。我跟眼睛說辛苦你了，出來旅行，眼睛很任勞，所有美景都拜託他啊。

尤其坐船看風景，眼睛更感覺有些風涼，有些波光的刺激。

平日總是在河岸上看河水，現在換過來在河中央看河岸，大江邊的樹影、房子，全長了搖曳的尾巴，不停的扭曲著往後離開。

雖然只是小觀光船，船尖的犁浪仍有霍霍的響聲，槳葉絞水，船尾拖長了兩行溸溸白沫，大片褐灰水影在船隻正下方浮晃。

東風回暖，江上日漸退去冬季時封閉療傷似的灰色大衣，像蛻變脫殼，春天後，澄藍本色漸漸重新浮出江面。

船行很慢，阿趙美人笑說：像散步一般的航程。

音樂、老友、好景、好心情。我心中暗暗冥想：多棒的時光。船遊新安江，緩慢的幾乎停滯的船速，讓人細細體味河上的涼風。行走江中，隔一段距離看河岸上的萬丈紅塵，雲淡風輕，便自然沉澱了生命的爭逐。難怪有人說：愛旅行的人特別寬容，因為人們會以自己的腳程來看周身的世界或地方。

坐著船看改變翻轉的都市，看後人奔波忙碌，看遠方參草鮮綠，也許江水的流動，讓我覺得時代的風雲變動十分理所當然。船行雖然很慢，但是有限的行程，還是很快的能夠到達。三江口在望了，大家的頭紛紛探出艙外。

可能因為水氣瀰漫，三水合流處似淡似濃，似有似無，極似寫意筆墨。

新安江、橫江，還有一條我不知道名字的稍小的江，三條河在這兒匯流，江面寬闊。阿標的聲音再起，他忙著告訴大家，三江口有一家花溪飯店，二十年前他第一次來，就住在那裡。「還在，還在！」他很興奮的叫嚷，讓人誤以為那是他的老情人。

而這日，午未時刻，陽光軒亮，江口還是懵懵懂懂。哈，難怪古人寫江水，都愛寫：江心泊煙渚，日暮使人愁。江水滔滔，睡不著的夜晚時刻，奔流的江聲，增添了怎樣的憂愁心緒？可是，如果那些詩人生在現代，不為一口飯，不為貶官失意，這樣的春天裡，來到在三江口眺望，心情又會怎樣呢？

浙北段　新安江

大白日裡看三江匯流，匯合口的陸地上大廈林立，也有一處處新闢的河濱公園。其實新安江上有很多這樣的三江口處，風景都很可觀，像在浙江，新安江、富春江、蘭江的匯合口，有南峰、北峰七層磚塔。記得那一年，是二〇〇〇年，我陪著八十歲的父親游富春江，父親還笑說上幾句詩文：上有豔陽，下有藍水，中有一隻老鴨他自己。

船上聊天，說的口沫橫飛。江邊一畦畦油菜花，晶豔橫飛。新安江畔這幾年改變很大，新設了新安江市，是我們讀地理時沒有讀到的。河岸整修有碼頭、有民居、有親水

新安江畔草地有馬兒放牧

公園，也有新旅館。

河的兩岸是人類生活的紀錄，菲律賓曾經的進步和富裕，全在包石河兩岸的百年氣魄建築，而今貧富不均的危機也寫在包石河兩岸；由於黃山市前身是徽州，更久以前稱為新安郡，蜿蜒的新安江雖不能進入大江之列，卻蘊育了世界聞名的徽州文化，習慣上又叫徽學、新安文化。

西施浣衣

「快看西施浣衣。」

哪裡？西施喔？

一行歐巴桑在河邊洗衣。

老一輩的搗衣情景。不過，被發現了：「他們至少槌三下。崩、崩吭…」「跳三步喔。」不信，你自己看。「崩，崩崩崩崩」！哇，老大娘有力氣，連槌五下才放入水中搓。

新安江畔的魚梁古鎮，當年徽商從這裡乘船外出。

看釣漁的也有趣。站得直統統的，等距離。

「那河邊釣魚的好玩，好像罰站。」

「說不定晚餐的魚就是從這釣的。」

快拍快拍。

這可不是我說的，團中我只能算小咖，只帶一臺小數位相機，莊老大是攝影老仙覺，單眼相機長鏡頭，一看就是行家，大鬍子小哥也是一箱器材，阿標更不要說了，快門按個不停。

我默默想著小時候，出眷村後院就是旱溪河支流我的家，一扇小小的屋窗後，嵌滿了河水的聲音。

新安江，古徽州的母親河，她在陽光下微笑，也在陽光下閉目養神；她在月下梳洗，她也在月下打盹。而我自己呢？爸爸，在我生活裡比媽媽更要包容我、心疼我，我知道爸爸時常坐在椅子上曬太陽想安徽老家，而我每次外出回來就說風景給他聽。

新安江的水好清澈哦。

徽州華商園區

來安徽徽州區，除了住酒店、旅館，還有一處選擇：徽州文化園區，它屬於徽州華商園。

販賣徽州

我們連住兩天徽州文化園，早早用過了餐食，步出聚賢樓，我和老公沿著樓後的溪河往園區後部去。小橋流水，溯溪而上，古典迴廊外，點點浮萍，磊落石岸，遍地裡都是細緻的小風景。因為只專屬於

有豪宅有幽景的徽式住宿園區。

園區住宿客，所以靜閑極了，我們只要舉目或停步，便可盡情享受這公共的庭園。

穿過曲水、迴廊，我們又發現小竹林的幽徑，可以看出設計這園區者，他很希望讓這兒有著自然靈氣和文化內涵的心意。由於園內也有著很多工人在趕工，古蘑老公說去看看他們修建什麼？於是過了平橋、小樹林後，到了一處住宅區。

「屬於徽州文化園，是的！」工人說。

這園區裡的宅第，都是徽式馬頭牆、黛瓦粉壁的房子，所謂馬頭牆，簡單的說就是房子的兩頭，都建起梯形的白牆，上覆青瓦，再置放避邪的天狗、鰲頭、龍頭魚身等磁燒的動物。

老公說：怎麼到處都是徽式房子？

「因為你身在古徽州啊！」「賣徽州」我趕快誇耀。

有花木競茂的院子，遍植了修竹、映山紅，高低錯落，很悠靜的不同於公寓群居的生活情境，各家戶們疏密不等的座落在林木蔥茂的微坡上，所以一個家戶便是一簇風景，因此買屋住在這裡，不光是住在房子裡，也像住在旅館裡，住在風景裡；尤其臨河的幾戶，從圓形門出來，長廊引著又來到一處空闊的花園及戲台廣場。好點子的賣徽州。

哇！徽商賺錢的點子真大氣啊！充分了知有錢人或現代人的矛盾，既要有園林界外的逍遙，還要有足夠的現代文明生活。

我和老公異口同聲的感嘆。這裡一片大地皮上，有旅館就有一定程度的人氣，而這別墅，又有一定的舒朗和身份，很能吸引投資者拿出積蓄前來。屯溪市區早已寸土萬金，而聰明的徽商集團以低成本買下這郊區大片荒野，經過設計和建築，就完全不同身價了。尤其大力推展觀光的順水下，雖然是郊區，光滑平坦的四線大道，可以順順暢暢的通達市區或其他縣市各名勝景點。

我們巡走了一圈，只剩下一戶尚未下訂而已，且已有人住進來了。我們也遇上銷售人員，負責推案銷售的竟是位漂亮的臺灣美眉，她說明天還要到南京，也是集團內的這類建案。她說生意很好。

老公說：賺了好幾番吧！她笑得燦爛極了。

果然她真的很會作生意，立刻叫我們買那戶兩層別墅式的徽州老宅。哈！我們哪來那麼多錢？要錢沒有，要書很多。她又繼續說了，旅館部分每一個房間都可以持分，三萬六千人民幣一個單位。

「還是台灣好，臺灣有我們的父母、孩子、親戚和回憶。」老公趕忙謝過。

徽式園林

轉到前園部分，團友們在那兒拍照，阿標大哥和李老師在九曲橋上，小蘭正在做筆記。

小蘭做什麼筆記啊？

原來前園處處有書法和詩詞：「雲移」、「松定」、「石怪」、「山奇」；「山徑入修篁，深林蔽日光」「杜鵑盛放吐紅露，霧滿黃山山滿室；雲氣就山道就我，無須伸手即能拏。」一長長碑廊環著水塘，水光映照中，刀筆的鐵畫銀鉤格外有勢。

看來，還真的是值得記下。

前園有的景致的確豐富，我們走出碑廊，繞過石板廣場，步過石砌單拱問賢橋，花木蓊鬱中突出一列各式牌坊。

「我們不是看過棠樾牌坊群了嗎？」

「有緣遇到了，就再看一遍吧！」

幸好再走了一趟牌坊大道。有標誌性牌坊：「文公闕里」、「程朱闕里」，說的是朱子（朱熹）故里家廟的門坊；有大門式牌坊：「淵明舊里」、「洛閩溯源」；當然也有紀念性牌坊：「雙壽承恩」坊、「四氏一品」坊、「偶然」坊……，然而偶然坊讓我們訝異了，什麼樣的功德配稱為「偶然」？坊下石板上的說明透徹且發人深省：一切的功名恩寵都是偶然。既屬偶然，那麼寵辱不驚，做人、處事或為官，就能不卑不亢、俯仰無愧了，尤其每一則牌坊的說明都是一個歷史文化的典故，比如從「淵明舊里」坊，我才知道歙縣潛口的陶氏之祖就是陶淵明。

這徽州園區以文化園區為理念，所以有廳院緊湊的徽州民宅，大燈籠老門牆，圍牆高碩有封火牆。在皖南隨處可見的是徽式風格的民居，歷經滄桑的古橋、古塔、古牌坊，今都複製在前園裡，深深感受到濃郁的歷史文化韻味，這種韻味便是此地的地域文化。由於黃山市前身是徽州，更久以前稱為新安郡，所以這地域文化都可稱之為徽州文化。

說來徽派民居很重視庭訓教化和風水吉祥，這裡麻雀雖小，五臟俱全，全能體會。入門楹柱有聯語：讀書好營商好效好便好；創業難守業難知難不難。說的簡單，做的可難了，不過，耳濡目染，至少牢記祖訓也是好的，在我從事語文教學的日子裡，更深深的感受到家庭文化給予個人影響的深遠。

園區內處處垂蔭相伴。

天井中明溝流水，「四水歸明堂」，財不外流，偏門口的一個大石槽，原來是馬槽，卸貨入倉，藏富在內，馬壯食飽，奔走出外。啊！旅行中總能見到熟悉自書中，卻疏陋於實物的東西。

忽然，聽得團友在文昌廟前叫喚我。這個園區裡有文昌君廟，金塑座身，笑靨迎人。文昌君坐鎮，他們叫我快來拜一拜。其實我常常拜文昌廟，每個星期六，我在台北雙連附近做完了一天的志工後，回家的路上，我就會路過文昌君廟，拜一拜文昌君，看一看廟頂的金碧輝煌，或者坐一坐想想事情。有人說：「人都老了，也不讀書、考試，幹嘛還要拜文昌君，還不如拜財神！」

每個人的欲求和嚮往不同，沒有等差，我私自認為：人老了更要有人生智慧，才活得有氣度和慈悲。

人生如何才能有清明的智慧？我不禁又想遠了，一如這徽州文化園裡的九曲蓮塘，映著天光，漾著雲影，無窒無礙？雖然我常以為與其拜文昌君求智慧，還不如多讀書，多省思。

不過大致來說，這徽州文化園區是一處進出方便，卻靜謐寬優的遊憩區，悠閒可以成為看得到的；從容可以成為摸得到的，尤其在這古徽州的郊區，真有清川帶長薄，車馬去閑閑的古趣，三三兩兩隨處坐著、走著的團友，臉上透著精神和問候，我歡喜領會那些無聲的、美如蓮花的祝願。

行雲有影

傍晚遊畢了花山謎窟、屯溪老街回來，由小樓的窗櫺上遠望，蓮塘周圍的燈火，已經一字兒亮開，點點的都如星光。黃昏的幕很快的落下，夜來了，一抹月光從疏林中灑落，那些月光落得非常輕、非常輕，怕吵醒那些正在晚宴的人，站在窗前吹吹風的我們，似乎也不忍推窗，生怕一不小心便驚擾了這園林。

依著生活的習慣，還是沏上一杯園區裡準備的茶，學著文人的借景藝術：竹露松風蕉雨，茶煙琴韻書聲。何嘗不是旅行中的樂趣事呢？喝著茶水，喝著葉芽兒鼓動的嫩綠，感謝又享受了美好的一天。

出園區五鳳樓大門，高牆外只見座座牌坊高眺的樑柱和屋頂，片片行雲迤邐，這說明要告別徽州文化園區，又要向新旅程出發了。

下一站是哪裡？

績溪胡適故居，也曾是我生命追求的另一個嚮往。

同樣適安徽人，我知道自己做不成徽商，也做不成胡適的，只能做好自己，在每一天的生命中，我只希望向著真善美的大道上前行，讓所有美善都像一座座里程，助我更加遠行；其實我也非常明瞭我這一生只是平凡無名，但願仍可做成一個值得信賴、受人敬重的人，就足夠了啊。

這是甚麼地方？徽州人可愛聽戲的呢！

拾

祥瑞休寧

沿著橫江上溯，來到休寧縣。休寧也屬於黃山市轄下。

其實，只要說到黃山市，腦中立刻能浮現美麗的山川圖畫。休寧，名聲可能沒有黃山大，但是他有著另一座名山：齊雲山，也有著大學入學考的狀元縣美名。

齊雲山

一路向齊雲山去。

微雨飄窗，山色青碧，一塊塊的大翡翠，赤裸裸的誘惑在路邊。團中的兩位攝影大師莊老大跟大鬍子小哥直嚷著：真該下車，真該下車，全是傑作。啊——

山重水複，流水花林，車輛陶醉在蜿蜒山徑上，根本無法下車，也不可以下車。地陪小李倒是有話題說得起勁：陶淵明的〈桃花源記〉背景就是這兒，你們看……；潛口地名，因為陶淵明的名字「潛」才命名的小鎮，水聲嗚晝夜，山色永春秋。

小李說得起勁，聽眾也很捧場，實在是因為風景太漂亮。尤其轉過溪橋，叢葉密林後的山丘上有許多洞口，不是曾有詩人問：洞在青溪何處尋嗎？詩人啊！你不必尋幽了，桃源福地就在這裡，溪水清澈，倒影粼粼，綠樹簇簇，田畝一畦畦，好一派說不出的恬靜，小李的粗嘎大嗓門也格外有著鄉野的拙樸。

終於，入山。登臨。

齊雲山中多古道，這條就是明永樂年間的。

幾番的穿山越澗，一下子我們便出現在一座高峰的山腰平臺上了，那些矮山低谷和山外盆地，以及盆地裡的綠野平疇，都不再遙遙遠遠，而是近在我們腳下眼前。只要側首一瞧，便可盡收眼底。

通常，上齊雲山，一登石階，二搭纜車。

你猜我們怎麼上來的？

對了，搭纜車！你很聰明。

坐上纜車，很清楚的看到滿山滿谷的雲群雲陣，忽而飛奔，忽而漫遊，一會兒鋪展，一會兒滾捲，一會兒凝凍。聚聚散散，變化萬端，佛家道家說無常，應該指的這個境界吧！雲的好看，不就是這情景？還有人家說，齊雲山是道家仙山，這一趟，可以悟出些天道吧？

雲霧嵐氣繼續上升，把早上的鳥聲也給「嵐」住了，雨珠滾落聲也霧住了，只剩下好一個純淨的世界。

我明白為什麼命名「齊雲山」了？直入雲端，與碧雲齊，名符其實。

下索道後，我們就進入景區大門——望仙亭，清楚看見清乾隆帝巡遊江南時曾讚譽齊雲山「天下無雙勝境，江南第一名山」的楹聯。

雲中仙源　茶香歡迎

距黃山市（屯溪）西三十三公里，從屯溪到休寧，休寧縣城以西再十五公里的岩前鎮附近。三十六奇峰、七十二怪岩、二十四飛澗，……共同創造偌大的齊雲山區。

這樣的美景景區，怎能只有雲可觀、霧可攬呢？

出了第一山門，下了望仙亭，立刻一片叢叢茶樹，好青綠的茶樹。

「舌底朝朝茶味，眼前處處詩題。」戲曲家這樣稱美茶味，而我們這團人，一聽說有茶喫，立刻興奮大叫。

「毛峰！」茶叢中的人說。

我不懂茶名，家裡泡什麼茶我就喝什麼茶，我喜歡通通稱它們為「綠茶」：濃濃的青翠，一朵一朵連疊成一大片茶山風景，感覺有一股魅力在密織的葉脈間湧動。這一大片茶園，沒有圍籬，也沒有哪家的界線，我前面有兩個婦人正在採茶。細雨中採茶婦人包著頭髮，背著簍筐，根本不理會我們的指指點點。靈敏的手指，我還沒來得及細看，他們已經一連採摘下許多，投入簍筐裡。

齊雲山盛產有名的安源茶、毛峰茶和猴魁茶。
團友他們說有空閒去喝猴魁，只有這裡才有。
我不懂喝茶，只要是茶都喜歡。我認為猴魁應該有著濃濃的山野氣韻，猴子嘛，一定在更高的山峰中。他們遞了一片葉子給我聞聞。我根本不會分辨，只感覺到有著滾滾的茶香在湧動著，和著雨水灑的滿山遠谷都是。
古蘑老公一定很想買茶，我知道。因為他正和莊老大談茶。
帶些茶回家。我跟古蘑老公說我沒有意見。我只是一個偶然的過客，一個過客所能看到的只是一些局部的浮影，然而，這個美好的畫面卻已經深印在我的心中，我想：以後我握起一杯清茶時候，至少會多想到這麼一個地方。

夢真許願

一條斑駁石徑，自古橋處向前延深去了，永樂古道，永樂年間，不是明朝朱棣當政嗎？
古橋上從橋根到石欄，都有很多青苔，好像灑了綠彩。因為是石橋，走來相當令人安心，
古橋正中的題匾「夢真橋」字跡風化有些模糊了。地陪說這橋從漢朝時候就有了，上京趕考路

過這橋，在橋上許個願就能中狀元，所以當地人叫它許願橋。

「真的嗎？狀元叫什麼名字？」

地陪說：下次再來時候告訴你。

「先許願吧！旅途一切快樂。」我說。

「肯定能實現！」

永樂古道，以山中大石塊板鋪地，一格一格走來很穩當，我很喜歡古道的味道和感覺。過古道走在岩壁邊緣，下臨橫江河谷，又有一種登高山的刺激和豪情。

我們停佇在那兒，那兒可是觀看橫汀和村落的好地點。昨兒一天的微雨，水氣氤氳，蜿蜒橫江，滔滔流滾，自遠處而來，以非常優美、婀娜的S形姿勢從山腳下過。而一處處徽派民居粉牆黛瓦，在大塊的太極兩儀中恰好像明媚的眼眸。

好看哪。我們大概足足流連了十幾分鐘。

「天然太極圖太極村。」

賓果！團中老友不愧是老玩仙了，下註的真俐落。

碑刻洞府

齊雲山的碑銘石刻，十分有名。

從古道穿過嶺峰洞口下來，就能看到「天開神秀」四個大字在高高的紅岩上。一處岩壁半環的谷地，壁上的石刻可以說是真仙洞府的顯著標誌。天開神秀、人間天上、建嶺碑記、白岳、真仙洞府……齊雲山的摩崖石刻相當可觀，一個個斗大的字遒勁渾厚。

珠簾洞，水珠從崖頂滴滴飄灑而落，如珍珠垂簾，登山到這裡，雖然被意外的冰涼給嚇一大跳，但是水珠風涼，頗有醍醐灌頂的滋味。對著珠簾洞，下有碧蓮池承接，聽說以前常年晶瑩碧透，不竭不溢，可惜這一時刻，我們只看到一些積水。

別小看這半環岩壁，走起來還真有些累「腳」，不過壁上的詩文頗有意境，到了桃花澗洞天福地裡，有棲真岩、忠烈岩、壽字崖三處摩崖石刻。據傳，棲真岩是齊雲山最早的道士——唐朝的棲霞真人修行的地方；忠烈岩是祭祀關公的地方；而壽字岩的「壽」字是清代慈禧太后的手筆，這個巨大的〝壽〞字，直徑達到兩百三十釐米，不過我很懷疑真是慈禧的手筆？而壽字石刻旁的一株紫藤已有六百多年了，今年氣候不定又特別寒冷，凍壞了些嫩芽，坐在花前的村人說：開花慢囉！慢囉！

天門各路　神仙當道

摩崖石刻和碑銘，數目很多，琳瑯滿目，被人們譽為「白岳碑林」。不過我覺得更有興味的是那些神像雕塑。每一尊都很有趣，沒有過分的神格化，披著紅氅的王母娘娘很慈祥吧，一點不生害怕；這一尊更美，有些慵懶，想要斜躺一下，註生娘娘嘛，有身孕的婦女要多休息，要大家多關心啊；洞壁高處這三尊有趣，三仙老翁啊飄，騎在白鶴上。

由於崖壁上下有許多洞穴，供奉著各路神仙，八仙洞、圓通洞、雨君洞、文昌洞，以前修行的道士也就居住在這些洞中。它是齊雲山風景精粹之一。八仙洞供奉八仙；圓通洞供奉佛教的南海觀音；羅漢洞供奉著真武帝君，兩旁十八羅漢。雨君洞供奉龍王；文昌洞供奉文曲星，文曲星主宰功名，也被道教收編來了。陪我們上山的姑娘說：「很多都是道士們的創作。」難怪我在一個洞穴中還看到牛郎織女像。

通過的這些石洞，據說都是純屬天工所造，步步高險。

一天門後，到達二道天門。攀過窄狹，不知身在此山何處的百步石階之後，有黛瓦白牆升騰在一大片青綠間。山中人家。

啊！真個是一步一艱難，石階壘壘，忽攀忽落，段段濕滑。從山路一側探出腦袋望去，萬丈深淵延伸至村頭，長在石階邊上的狗尾巴草歡呼雀躍地招手，近在咫尺千萬別想摘一把，萬一一伸手翻下山去，可不得了，直接下了地獄。當地人說，下雨之後的齊雲山特別毓秀，雲霧從山下緩緩升起到腳邊，像騰雲駕霧一樣，但是千萬要小心謹慎，別踩著雲霧就真到仙界啦。

我們又遇上幾個挑夫，正受雇抬運很大的一塊石塊，那石塊，有些像石柱般的高碩，他們走走停停，換人再抬。他們說他們有軟轎，也可以抬遊客。我們連說：不用，不用，走得動！記得要上天柱山的那一趟，有挑夫強拉楊胖胖坐轎子，楊胖胖實在走不動了，但他又不忍心坐轎子，因為他真的太胖了（我想書出來了後，他一定要罵死我了）。挑夫說：只要多加轎子錢就好。楊胖胖還是拒絕，還是因為不忍心的緣故。

月華街　仙與民

我要說月華街是曲折而仁慈的山徑，青石板路，很好走。

我要說月華街是好浪漫而好有趣的長巷街，依著原始山形向著山裡延伸。

月華街上住了很多道士與山上居民，這一家是普通民居，下一家房子大門有略微不同，則是道士的家了。月華街是山上的街市，有很小的雜貨店，有小小家庭客棧或小飯館、小茶館，小飯館裡也設有臥舖，香客、遊人都可以住宿。

月華街現有古道房八座，還有許多徽派民居，窗上、牆角的彩繪變化很豐富。據說當年徐霞客就是走這條路上齊雲山的，我們也經過一些小橋，橋欄上的圖案八仙的扇子葫蘆彩

迤邐的月華街

帶都頗也趣味，有時間好好研究可以有很多趣味。不過，我也是邊走邊拍照，沒能深入了解，欣賞它們與宮觀、院、房組成一個建築群的和諧。

在月華街上的一處轉角，我看到一口「湧泉井」，看到幾盆銀杏盆栽，嫩綠青新，雨珠霧露在每一片葉心上晶瑩著。而村中今年晚開的辛夷花像小燭火，把頑皮素面的霧嵐映照的明麗輝煌。盆栽或匍伏的野花，鑲嵌了迤邐的村路，瓜葉則鑲嵌了半高的土牆，配襯一塊山岩。

齊雲山被封為道教第一名山，有不少庵寺或廟宮，各具形式和容貌，各有著道教有關的神仙傳說。據說齊雲山的道觀開始於唐乾元年間（西元七五八—七六〇年），一直到南宋年間香火日盛，隨後宮殿、樓閣次第落成，香客曾一度每日達三千人之多。就從那斑駁的牆垣、青苔戲身的石獅，一看就能知道相當古老了，廟前山壁上的那幾棵必須合抱的巨樹來看，早已年高百齡以上。

校外教學　旅遊寫生

我們只有仔細看了紫霄崖下的紫霄宮、玉虛宮，因為紫霄宮中存有明代畫家唐寅撰的《紫霄宮玄帝碑銘》一通，歲月風化，字跡模糊，但是仍然能夠感覺藝術的穿越時空。翻個山路再來到玄天太素宮時，一群年輕孩子來了。幽靜的山谷頓時喧鬧起來，好像一旅兵連來了，他們是浙江省裡的專校生，來作校外觀摩寫生的，說笑嘻鬧，好快樂！

十五天的寫生旅行。他們自己交五百元，另外由浙江政府補助。

想起前兩天在宏村，也隨口問問那些來寫生的孩子，很多個就讀天津一所工業大學的建築藝術學系，當時還納悶著上學時間怎能請長假？

作品呢？

「這裡起霧大，我們拍了照，晚上回招待所再畫。」學生笑著說。

從太素宮前遇到出來寫生的學生後，其後的氣氛就不一樣了，好像突然膨脹的團隊，話也多了。他們攀上了本來只能仰望的岩洞，拍照、擺poss，買了路邊老婦人的酸菜煎餅，一點不畏陌生的跟我們聊天。

「我奶奶也才不到六十。」

「我們畫得都好，每個人風格不同，藝術嘛！」口氣充滿自信。他們跟著我們上懸天石階，看香爐峰、五老峰……，尤其他們不知從哪兒挖來一個村中的遊民，幫他梳頭，跟他拍照，叫他犀利哥……

一個團隊的旅遊變得有些無喱頭，也可以說無限創意。

一處山亭，狹陡的階堤，他們竟然搶著來攙扶我們，在山中，人與人之間的距離很容易不留隙縫。

「老師有提點。」提點就是我們說的叮嚀。

「奶奶，你們這團人都很有氣質！」扶我的孩子說。

「臺灣的人都有氣質，歡迎你們到臺灣寫生。」「我們也想著去啊！」

兩岸交往最需要真誠愛敬。我沒有忘記跟他們表達歡迎。

坐在尖峰頂上的空中亭子裡，谷地裡的山峰一覽無遺，而那些孩子站在所能爬到的最遠的一塊岩石上，幾乎要懸空了，年少不知山路險！我看著他們天真稚嫩的臉，心想這是他的人生旅程引導前來的地方，這段旅程，對他們的未來將會是甚麼樣子？

我不認為未來是不可測的，也許這是我樂觀和認真的原因之一，其實現在的每一刻都在塑造未來、累積未來。

山中最有名的一座峰——香爐峰

山神五老　相看不厭

齊雲山屬丹霞地貌，丹霞地貌的景觀，是紅色砂岩等岩類在各種內、外力的作用下，形成類似堡壘狀的山嶺或峰林地形的總稱。

月華街太素宮前，有一座獨立挺拔的山峰，狀似香爐，所以命名香爐峰。那峰底座小，爐身粗壯，頂端平坦有亭子和香爐，傳說那頂上的鐵亭和香爐，當初是朱元璋所賜，可惜鐵亭和香爐在大煉鋼鐵時被毀了。

因我們來的這一天，雨後初晴，雲霧飄渺，香爐峰或隱或現，有時正巧峰頂才有一縷縷煙嵐，曾有古人作詩：「山作香爐雲作煙，嵯峨玉觀隱千年」樂得我們大叫！

不過，我怎麼看都覺得香爐峰像是山神老人。不信你看我這隨便拍的，有濃密的黑睫毛，厚道的下巴，綠色長鬍鬚，頂上香爐是冠冕，山神啊！

山神面對著五老峰，五老可有講不完的滄海桑田的故事。所以你再看，山神嘴巴微開的，五老也講得眉飛色舞，短髮肅立。

不過，仙界一小步，人間跑半天，整個齊雲山風景區面積又達約一百一十平方公里。過了紫雲關，接著一些起伏上下的階梯，往南才望到五老峰的真面目。每天傍晚及隔日早上，五老峰都是雲霧繚繞，這一會兒走累了腳，才走到五老峰身旁，有些小勇小勝的感覺。站在岩壁旁，除了五老峰還有很多很多其他山峰，這裡的溝谷邊緣的岩體，在大化造山重力作用下，形成許多峭壁，形成許多各型山峰，據說有十六幽洞二十三險澗。

花事　韻事

早晨煙雲雨霏中上山，一路山村縹碧，朦朦朧朧，牛隻散步閑晃，也有趴臥在野地上的。接近正午了，加上日影，山光更是美。

小李說〈煙村詩〉的背景就是在來齊雲山前的潛口煙村，又說休寧出狀元人人會作詩。我走在得之姐前面，得之姐順口問道：哪一首煙村詩？沒想到得之姐這一問，大家都圍過來了：

一吃二三碗，喝酒四五盅；
燒肉六七塊，八九十出拳。

一去二三里，煙村四五家；
亭臺六七座，八九十枝花。

一街二三里，店家四五攤；
試穿六七次，八九十襲裝。

一去二三浬，勞煩四五修，
拋錨六七次，八九十漏油。

「哇，這麼多，怎回事？」德之姐說。

「還有，還有……」

「欸，我問妳們一首煙村詩，妳們竟然七嘴八舌三、四首，尤其這個亞南真是特皮。就是你先作怪。」冤枉，冤枉，那個還有還有明明是臺中卓說的。

田頭農家菜　山上冰雪糕

月華街上有很多小飯館，我們找了一家可以擺兩桌的來進餐。吃農家菜，就是吃田頭新鮮菜。

桌面上一杯清草茶一碗飯，沒有飲料，吃法就是這麼簡單。山裏的素菜種類很多，有很多不知名的野菜，魚腥草、茶桿、南瓜、馬蘭頭等等，都是田頭隨處可見的。一尾紅燒魚的個頭真是小，只有手掌般大，就是山下夾溪河或橫江裏的小石斑。

我偷偷告訴你：我們這一桌的二楊一莊一詹都叫苦連天，說腳也可憐肚子也可憐，於是決定去買冰淇淋。我們發現山上有賣蒙牛雪糕，儘管價錢是山下的三倍，我們這一桌毫不皺眉頭，還招兵買馬擴大聲勢，當然我也投靠好康啦！這山上的雪糕好吃，真的！

下山　封登橋

下午了，寫生的學生早已下山。我們也該告別齊雲山了。

晨間入山時候，纜車一路載送我們上山。山勢阻擋著視線，只見崖坡不見路，雖然山陡但不高聳。心想這樣的山，怎夠我們遊的？得之的安排：下山走路，資料上說大概半小時就可以下山入城了。

一路驚訝那些走過的茶家茶舍，曾經被我們稱讚過的山道，此刻都在我們腳下，我們的腳好厲害啊，不停的前進，可以走完一人片晌。因為下了雨，且不是假日，附近的黃山吸走了大部分遊客，山上遊客除了寫生學生團和我們以外，沒有了。一隻狗狗跟著來，可以聽到牠的腳步聲，葉兒飄落的輕柔也聽得到。

我們走的這個路段，可說是這片山區最人間味的精華路段，沿途兩側有竹林、有松林、有相思林、板栗林，也有雜樹林；有鳥聲有歌唱聲，也有水流聲。透過林子的縫隙張望，村頭的茶樹和稻田，拼接成了大自然華麗的織錦長袍。

忽然闖進兩個老男人，一個從面貌上即可辨出精神或智能略顯弱勢，另一個則是一臉江湖老道，後者慫恿前者緊跟著我們，甚至要跪下來乞討；口裡喃喃要著給點路費，又喃喃自語道：你們沒帶錢，欠著，下次給哈！……

沿路頗多涼亭可供歇息，可是每個涼亭中幾乎都有老婆婆或老公在行乞，我們幸好是一團人，裝著沒聽聞，仍接著原來的話題，從從容容下山，但是說實話，內心有點緊張。旅遊在外，遇著乞討者，千萬不可以給錢布施，對方知道你有錢，一定會招來一群乞討者蜂擁而上，你要脫身都沒有辦法和機會了。那兩人跟了約十分鐘，還是那個後者給了前者暗號，才收兵折返，也才還我們清靜。

不知是否因著那兩人給我們的緊張，我們都感覺累了，吵著跟得之嚷嚷：很疲累耶，很疲累耶。

出了村莊，路還是遠哪！車在哪呢？阿標大哥說：先過橋，路可能近便些。我的腿腳感覺疼痛了，才想起老公不知腿斷了沒？（不是我壞心詛咒，是他的口頭禪，連下樓買泡麵，都嚷著腿要斷了。）得之又問起：亞南，你老公咧？

「拋棄我了。」「真是死丫頭！」得之忍不住說。

哈，老公在我後頭！

封登橋是座老古石橋，很寬厚的大石板。雖然前面已有新橋，但是這座老橋仍然通行。停在橋上看著村中婦人水邊洗衣，年輕孩子跳進溪河中神勇打水仗，江邊一列柳樹，百十條纖細的柳枝，隨意畫弧。

唉，這天地不想說了，因為說不完了！

拾壹

聲遠績溪

秋石斛開了，灑著清妙，清笑在秋陽中。

令人忍不住輕聲唱起蘭花草的歌來：

我從山中來，帶著蘭花草；

種在小園中，希望花開早。

一日看三回，看得花時過，

蘭花卻依然，苞也無一個。

這麼美好的歌詞，出自誰的手筆呢？——胡適。

我喜歡這首詞，一如感佩他寫的慈母教誨。

胡適祖宅

記得我讀初中的時候，每回背文言文課文，只要背得不好不夠流暢，老師就責備我說：安徽人很會念書的，你這樣太差了會丟安徽人的臉吧！

害得我填資料時，都不敢填安徽。

不過，我覺得我絕不至於丟安徽人的臉，因為我很節儉、勤勞。胡適常說他的老鄉，能吃苦耐勞，稱之「徽駱駝精神」。胡適小時候一大早去學校讀生書，我小時候也是早晨六點多一點點，煮好給弟弟們吃的稀飯、麵條後，從眷村穿過大公園，到市區去上學。只是我功課不大好而已，不過功課再怎麼不好，我也一定去上學。

黃山市到績溪，路程還可是真遠。從地圖上看過去，拐個彎，還好。真正行入縣鎮，彎彎曲曲的山路，真是走了一鎮又一鎮，出了這個山頭又拐入另一個山腰。竹林、雜樹、溪河，縱橫交錯。足足開了三小時的車程。

胡適祖宅的大廳堂

「難怪胡適的媽媽要託胡適三哥帶著他到上海，光是出庄到縣城，就夠暈頭了」。喜歡玫瑰花的同時，也要連同她的刺一并喜歡。喜歡自己的家鄉，連遙遠、連繞旋，也都接受了。

胡適這個人

因為胡適，設計安徽旅遊行程時，阿標大哥說一定把績溪放入其中。臺灣臺北的南港有胡適公園，有胡適墓地，誠如他的墓誌銘上讚嘆：肉體雖會腐朽，山崗雖會崩頹，但是這個人的思想精神會一直流傳影響。

我國的新文學運動是胡適首先提倡的，至於科學文明、民主自由是他闡揚鼓吹的。胡適的〈母親的教誨〉，他的名言「大膽假設，小心求證」，回想讀書時候，我的老師講解胡適一生的成就，曾指著頑皮貪懶的我們說：不知道你們誰的成就能像胡適，後來隨即又說，能像胡適一樣用功也行。我記得我那時候，是趕快把頭垂得低低的，我怕老師再多說我幾句。

胡適的著作很多，套一句成語他寫的書如同他的身高。一本書幾公分啊？堆疊成身高那般，真是學識淵博、術業專精。

不過，我喜歡他寫的小詩，比如大家都朗朗上口的：

山風吹亂了窗紙上的松影，
吹不散我心頭的人影。

多謝你能來，
慰我山中寂寞
伴我看山看月
過神仙生活
匆匆離別又經年
夢裡總相憶

村口的胡適塑像。

永遠的慈母教誨

一篇〈母親的教誨〉讓胡適的母親——馮順弟女士，永留有懿德在世間，她是多麼令人敬佩的嚴母與慈母，多麼難為的大家族的媳婦與繼室。我相信胡適說的，其母「溫厚有禮，通大義。」；我也相信胡適說的：其母「少年作後母，其困苦艱難有非外人所能了解者。」

胡適母親的臥房，一床、一櫃、一几，樸素的沒有雕飾，用材也很普通。略顯晦幽的房內，也沒有多餘的箱籠。

我站在屋子中央，環顧，以一個女人的心臆想著：這是何等煩憂、寥寂的生活，只因心底的一絲緲遠的纏綿，一個鮮活的希望。那伏倚床幃低泣的夜裡，可曾有些許怨嘆？可曾想過逃離？四年共同的夫妻生活裡，胡鐵花啊，是她的夫君，她的父親，她的老師，更是她的崇拜，精神上滿滿的富足，孳息的溫存，足夠她心生勇氣行走大家族的幽谷深澗。所以有恩、有情、有愛、有仰慕，也是她留給胡適最銘刻的遺產。

〈母親的教誨〉裡，馮順弟清晨課子，披衣坐起，講述丈夫的道德事業，慈愛中有威嚴；獨子雖稚童，玩皮的學用不禮貌的語言，馮順弟命以罰跪整夜，毫無寵溺；後來當獨子因而染患眼翳病，馮順弟又毫無顧忌的以舌頭為他舔洗。

這是怎樣的一位堅強理性又溫柔感性的女性？

胡適書房

因為獨子是希望，是恩與愛的延續；是生命支撐的火源。課子讀書當然是她生活中的甜蜜，一生的快樂。胡適書房就在母親臥房前，也在大廳堂前側。

一個大家族裡，一個傳統的院落裡，別以為胡適一定有著偌大的、舒適的書房，那可猜錯了。

胡適書房真小啊！團裡的朋友說頂多兩坪大小，一張長方窄桌，一盞老式油燈，幾幅中堂書法。

哇，甚麼雜物都沒有，所以更能專心。

有兒童教育專家說過，和孩子一起營造讀書氣氛，就從收拾乾淨書桌開始。看來胡適的母親對於教養胡適真是很用心。

從這胡適故居裡，可以看到胡適雙親的照片、胡適的照片。胡適的相片溫文儒雅、古意智慧。一看就能得知有良好教養。有教育大師說：「良好教養能打開最佳學歷所打不開的門。」胡適在母親的教養下，勤儉克己、吐屬優雅。可以再次肯定：家風家教，無它物可以取貸，一個孩子若拿一棵幼苗比喻，家風家教是雨露陽光也是風雪寒霜；是灌溉也是篩剪，三年、五年、十年，潛移默化，樹根盤牢，早已成為樹苗的生命的規律，生命的堅持。這樣的一棵幼苗，怎會長不成一棵令人仰慕的樹木呢？

胡適書房

胡適祖宅

胡適祖宅很簡單，一個大堂，擺設一目了然。我們坐在大堂上拍照，穩重老木卓椅，方方正正，沒有甚麼雕飾。不過，堂中楹柱的精緻牛腿建構，默默透著這棟有歷史、主人為官的大宅子的風貌和格局，而這來自「商字」的橫樑，更是超然睜著大眼，捋著八字鬍看著自這樑下走過的後代人們。

然而胡氏祖宅，可能沒有甚麼觀光團體吧！沒有解說，沒有工作人員，僅有住在這裡的胡家姪子，簡單打掃。我們自由的逛、隨興的看，這棟宅子的刻意改變應該不多，很真實的領略徽派建築的神韻。四方天井裡溜洩下一縷縷陽光來，幾隻燕子來過；小木梯通上二樓女眷住處；簡單屋樑，橫木小瓦鋪排，可以清楚看見徽派民居黛瓦的特色。不過儘管屋樓建構樸實，胡氏祖宅裡很特別的，可以說偏好的就是蘭花雕飾。門欄、門板、窗撻……，都是。我看那蘭花的筆法、神韻和布局，木雕師傅應該是以鄭板橋的作品為藍本的。

胡適有首早已被編譜為民歌的詩：〈蘭花草〉

我從山中來，帶著蘭花草；
種在小園中，希望花開早。
一日看三回，看得花時過，
蘭花卻依然，苞也無一個。
………

最真摯的情感往往在默默中傳遞，這首情韻深藏的新詩，原來有著胡適的成長和壞念。

石板巷道引導我們走進村內，石板巷道也引領我們走出村外。村外小河流水清清，鴨禽自在覓食，村埓外有著歷經滄桑的古橋、古塔、古牌坊，讓人感受到濃郁的歷史文化韻味。就說小小績溪，胡適祖宅前還有胡文開故宅，胡文開可說徽墨的專有名詞，屯溪街上的墨莊都標榜著自己是胡文開的傳人，最好的徽墨。

慈母教誨，悠悠長長，績溪上庄，悠悠靜靜，肖子賢孫，安家承吉。走出績溪，我如此感嘆。

門攔窗板上都是鄭板橋的蘭花木刻。

拾貳

情逸歙縣

　　不論用來彰顯功成名就，或者是旌表貞烈，每一座牌坊看似單純，背後都有一個不簡單的生命故事。

棠樾牌坊

奶奶和爺爺吵嘴後不再和爺爺說話。

第二天，爺爺早把這事淡忘了，但是奶奶還在嘔氣。

後來爺爺在所有的抽屜裡亂翻亂找，奶奶忍無可忍，不耐煩地問道：你到底在找什麼？

「謝天謝地」爺爺說，「我找到了，是你的聲音。」

老夫老妻式的幽默，使氣氛立刻活潑；老夫老妻式的幽默，已是一種生活的大智慧了，需要機智。也要寬厚的至深了解，才能化干戈為玉帛。

張潮說：「紅裙不需通文，但能得趣。」

老夫老妻，這頂冠冕全是長年累月一點一滴的捏塑。

牌坊集中群

早餐後，前往棠樾牌坊群。

它坐落於歙縣城西十多公里的棠樾村頭大道上，共有七座牌坊依次排列，三座明代建的三間四柱三樓式，四座清代建造的三間四柱沖天式。

這些牌坊原來散落在各處，鮑家子孫鮑志道、鮑琮等人便重新規劃設計，集中安排在鄭村西北一點五公里的青石路上，兩旁是一片油菜田、稻田，間隔植有整排的水杉，成為中國境內牌坊最集中的地方。

也許是晨晌時候來到這裡，從村外一路的小商店街進村來，遊客尚少，店家的吆喝劃破

村頭大道上，晨光中七座牌坊靜立著。

了空獷的寧靜。早上才八點多一點，陽光灑落這空曠、肅穆的牌坊群，留下一斜方的影子。

曬著早晨溫煦的太陽，兩三個滿臉皺紋的老太太，斜坐在坊牌下曬著背脊。牌坊的高巍，老太太便顯得瘦小了。有一齣電視劇「煙鎖重樓」，片頭曲霧冷迷離，就在這裡取景，賺人不少眼淚。

不簡單的生命故事

牌坊在中國古代用來彰顯功成名就或貞烈義行，比如離這不遠的許國石坊，比如這棠樾牌坊群。每一座牌坊看似單純，背後都有不簡單的生命故事。例如說：節孝坊，一個名叫汪招的年輕女子，二十六歲還是年華正盛的少婦時候，丈夫就過世了。從此她立節完孤，守節一生。淚水洗去了她的花容月貌，孤枕冷衾伴她度過一個個不眠的長夜。直到八十歲時，族人為她請旌，賜建牌坊。溫熱的生命，哪是一座冰冷的青石可以詮釋？冬天的寒冷裡，記憶裡曾經真實存在的滿足與快樂，也哪是一座冰冷的青石可以替代？雖然堅貞的情感，絕對要尊敬，但是美學家蔣勳也說得好：沒有任何一種愛，能替代孤寂的意義。

慈孝坊有感人的愛慈。動盪不安中，守將起兵叛亂，州官殺人越貨。村裡鮑宗岩父子也被捉捕了，叛軍說兩人只能活一人。父親說：甘願身死，只求兒子平安返家。兒子也說：甘願身死，請留下父親平安。父子爭死的悲劇，感動了叛軍，便把父子兩人都釋放了。明朝永樂皇帝朱棣便命史官將這事蹟列入史冊，並建造慈孝坊來表揚。

還有樂善好施坊是一座義坊。徽商發達後往往回饋鄉里，捐助各種公益事業。鮑氏家族裡的鮑漱芳在任鹽運使的職位上，代政府發了川、楚、陝三省的軍糧，後來聽知長江、黃河、淮河發大水，便又捐米、麥數萬石，捐白銀三百萬兩，修築黃河河堤……種種義舉，在嘉慶二十五年獲賜「樂善好施」義坊。

棠樾牌坊群，古樸典雅，沒有太繁富的花飾。歷經滄桑的牌坊，不但是安徽歷史文化的遺跡，也是精彩的徽派石雕建築藝術。團友大張說得好：我們是輕鬆的看，她們是血淚的築。

漫步在牌坊下，藍天白雲、綠野平疇，有崇敬，有回顧，也有我們對先民婦女的不捨和嘆息。如果我們生在那個時代，能夠這樣的任意出遊嗎？能夠這樣的追求自由，熱烈於自己誠實的愛情生活嗎？

鮑氏祠堂

隨後前往位於牌坊群不遠之處，鮑氏男祠敦本堂，典型的徽氏建築：黛瓦、馬頭牆，三進五開間，我們慢慢看著祠堂左右牆上刻著的族規民約與祠規：酗酒、打架者，不准入祠；改過，次年准入。盜賣祖墳公產、盜砍蔭木者，永不准入祠。真的是最環保的現代族規耶。

離男祠不遠，還有一座女祠，要知道徽商離家後，少則四五載，多達幾十年，一般都在離鄉前成婚，往往婚後幾月新婦便獨守空房。曾經有個女子新婚才三個月，丈夫就外出從商，從此杳無音信。這個女子以刺繡為生，每到年底，就將賣繡品攢下來的錢換一顆珠子，用以記住丈夫離家的日子，名為「記歲珠」。年復一年，卻到死時也未等到和丈夫相聚的日子。在她死後三年，丈夫終於回來

棠樾民居典型的徽氏建築：黛瓦、馬頭牆。

棠樾女祠，曾有多少徽州女子的眼淚啊？

了，而她積攢的珠子，已有二十多顆了。

在棠樾女祠中，就是用塑像來凝固這一段段貞節的故事，每一個故事讀來都讓人倍感心酸。「記歲珠」，它記錄的何止是歲月的流逝？

朋友和我又到鮑家花園走走，盆景園、四季花園、鄉土花園、茶園坡，都以徽商私家花園為背景，徽派盆景為主題，同時集國內外各派盆景為精華與牌坊全景區為一體，相得益彰，構成一幅完整的徽商故里。

以前有人說：無夢到徽州，我是有夢到徽州。遊歷了中國最美的幾個江南山村，棠樾這裡的一草一木都蘊含著百年的日月人情；尤其想到這田疇老宅庭院間，曾有多少徽州女子的眼淚啊，以另一種存在的形式，流動在生命的角落？而這裡的書齋廳堂，不知訓誨出多少顯赫的徽州子孫，想到這，我的眼睛和內心都有些情愫湧動。

拾叁

豐饒皖中

皖中大地，畦畦的新綠和彎身的人影，你就站在春天裡，身前是一片綠野，身後是一脈青山，腳下則又是一串串牽牛花。

蕪湖　巢湖　宣城

乘車從績溪到采石磯，阿標坐在我隔座。

「我要做筆記，你負責報地名。」

「怎樣要寫地理報告唷？」四百公里的路，一路飛馳，的確要找些事做。我簡直是在上地理。

河流、村落、湖泊、田野……才要按下快門卻早已遠去，汪洋的大河，彎曲的支流，在車窗外面一會兒出現一會兒隱沒，看不準它們是自何處蜿蜒而來，又朝著何處蜿蜒而去，真是柳暗花明又一村的況味。青青綠綠茂密草木，湖泊映著陽光，陽光照著河埔新生地，我喜歡在春天裡來旅行。

再向巢湖去，巢湖百千年前的一夕下陷而形成，自古遠的傳說，自古遠的浩渺煙波，紫薇洞、王喬洞，仙人的履痕，在地下長河裡叩響，在縱橫的洞中印蹀，馳騁路過巢湖的此刻，讓我的腦中都充盈著天地的神奇。神奇的大地，容我們探索不盡。

凝望眼前的碧波萬頃，每一天光恰似我心中無限的歡喜。飄忽如羽毛般的輕盈，一種翩僊

傍花隨柳過巢湖

的舞姿。

不過，很遺憾這次過涇縣，卻未能再游桃花潭。行程中遇到漂亮的清澈倒影、蒹葭浮岸的河灣潭水，團中就有很多人嚷著：桃花潭、桃花潭。

桃花潭有什麼特殊絕倫呢？一定是跟詩詞啊，歷史啊，或者某個詩人有關。

「李白乘舟將欲行，忽聞岸上踏歌聲；桃花潭水深千尺，不及汪倫送我情。」

那人就是李白。

李白避禍宣城，宣城與涇川相距不遠，汪倫久仰李白詩名和人品，曾在幾次友朋之間的邀集中見過李白，非常盼能夠邀李白到涇川一遊。

於是寫了一封情文並茂的信，託李白的知交轉呈給李白，信中說：「涇川有十里桃花，萬家酒店」。

李白是詩人，又愛美酒，見到十里桃花、萬家酒店，自然心動，欣然前往。

到了涇川，汪倫殷勤招待，先告罪後，再婉轉說出：所謂十里桃花者，乃是離舍問十里之外，有桃花潭和桃花渡；桃花潭西邊有萬姓的酒店。李白大笑，不以為忤，攜起汪倫同去桃花潭，在萬家酒店暢飲。作客多日，回到宣城去，臨別時就作了這首〈贈汪倫詩〉。

這首詩流傳千古，汪倫、涇縣桃花潭，也因此而留下聲名了。桃花潭就在涇縣城西南四十公里青弋江邊的翟村，可以說桃花潭是因為青弋江在這裡轉了個彎而形成，水面寬闊，潭水深邃，對岸怪石嶙峋，整個潭水韻味溫柔又含剛毅雄奇。

和樂團團，把春留住。

暮春，該是春日最美的時刻吧！一如向晚陽光的燦爛。我們也要輕舟快騎到和州去了。

拾肆

故事和縣

西楚霸王項羽拔劍自刎的烏江、李白駐足吟唱的天門山、劉禹錫貶謫和州的居所『陋室』，南梁昭明太子沐浴療疾的香泉、王安石《褒禪山記》中的華陽洞，都在和縣。

霸王祠

一具完整頭蓋骨化石的發掘，刷新了長江文明的歷史，『和縣猿人』的命名，將和縣推向了世界。西楚霸王項羽拔劍自刎的烏江、李白駐足吟唱的天門山、劉禹錫貶謫和州的居所『陋室』，南梁昭明太子沐浴療疾的香泉、王安石《褒禪山記》中的華陽洞，都在和縣。

解說員指著雲牆之外那一片約有兩百里的碧綠田疇，很熱切的想要我們領會那就是烏江口，以前全是烏江水面，西元前二〇二年西楚霸王項羽兵敗自刎就在那兒的江邊。

桑麻茂林，三五炊煙，好一片靜謐的郊野村莊，長江浩水在淼淼遠處，僅僅成一抹淡灰色。

難怪霸王項羽要在烏江邊長嘆，滔滔江水哪能靠著愛馬拚命一躍？

兩千多年前，震驚史冊的楚漢相爭的最後殊死搏鬥，就在烏江悲壯結束，霸王項羽在駐馬河畔悲壯自刎，頭顱送給他的馬伕好去領賞，而其他人則如嗜血的鴞鷹，追逐搶奪著他的殘骸。

霸王祠入口

人們總覺得他還是磊落的豪傑，就在這裡建祠祭祀。西楚霸王靈祠，地方百姓曾經稱過：項羽廟、項王祠、項王亭、頂亭等等，名稱不同，也無言的說明了霸王祠隨著朝代而在人們心裡的地位也有不同。

享堂立像

一座古老的四合院式的廟祠，柏樹蓊鬱，青石道冗長，因為沒有遊客喧嘩，更加感覺有墓地、靈堂的不可造次。園景內的小竹橋、小池塘，彷彿沉睡尚未醒來。祠堂前老樹杈枒，我幾乎忘記它綠葉茂盛否，真有些淒涼森然的

昔日烏江何在？哪知今日繁華！

感覺。因為祠堂在烏江鎮東南側的鳳凰山上，所以要登上層層石階，大夥兒就在階梯下開講起來，直到解說員呼叫著大家。

祠堂內的正殿享堂上供奉著項羽青銅立像一尊，我看資料上說：高二點六米。果真威武驃悍，眉宇間還透著一股征逐天下的野心殺氣，史書上說項羽力拔山兮，園中一口三圓井遺跡，大石上一刀一個窟窿，力透石穿，雖然我覺得石頭太新了，但也姑且相信，那塑像與殿前「叱吒風雲」四個字的橫匾，很是寫照。

對於項羽和劉邦，孰勝孰優，我沒有研究，天下學問「人」最難了解及剖析，我很警惕的則是他的過於自信：自信使他成功，自信也使他失敗，以及他的不屑學習：「學會了寫字，不過可以記下別人的名字，有什

霸氣十足的項羽銅像。

麼用？」這不是說不必學寫字、認字，而是心中一定要有比寫字更高的懷抱和追求，尤其他是貴族權勢子弟。項羽如果明白了這一點，歷史就整個反轉了。

大觀院落

西側殿已經改成展覽館，殿下橫樑走廊外柱十分斑濁，露出陳舊氣息。這個祠堂什麼時候建的，聽說年代久遠，已經不能正確考據了，但據說唐朝時候就有了。

根據史書記載，霸王祠香火最興盛時，有廳、殿、廂、室九十九間半之多，但是後來戰亂幾乎被夷為平地，近年來才重修擴建，正殿、東西側殿，及新建衣冠塚，以及象徵霸王自刎的拋首石。

由於陽光很好，我們走出正殿，到後方的墓區看看，有四對石人、石獸的石板神道通往墓台，為典型的明代風格，墓台四周有仿白玉欄杆，從這裡觀看：近代痕迹更明顯了。跟我們前幾天看的明皇陵根本不能相比，有團友就喊著先看這裡，就不會那麼覺得落寂了。唉！「成者為王，敗者為寇」，否則哪要拼得不可戴大？「虞姬虞姬若奈何？」那一定是拼盡了冤氣，衝霄了天地的不甘心哪。性格決定命運，其實有啥可怨可嘆！

衣棺塚墓成橢圓狀，左側有一個地下墓道，據說兩壁刻有水泥漢畫十分珍貴，可是大家都敬謝不敏，只是站在正殿檐下曬得到太陽的地方遠觀和等待其他團友。

餘韻

也許這一路上看到太多太棒的地方。

說來說去還是因為歷史故事太好聽了，司馬遷的史記寫得太精彩了。

走出偌大空寂的項羽祠，我還是覺得活在史記中的那個項羽比較威風，力拔山兮！

拾伍

勝跡當塗

當塗，市容敞亮。轉幾個道，就到采石磯。接臨長江的翠螺山，山下突入江水處，整個采石磯都成為一座采石磯公園了。

采石磯

當塗，一看就是一個新興的城市，寬敞的四線道大馬路，嶄新的超高大樓，市容敞亮。

一進入當塗市，遠遠就看到一座臺閣高聳。

到采石磯還要多久？

一車子的「資深」人士忍不住問了起來。當然，李白是國際級大師、大明星，粉絲也特多。

轉幾個道，幾個標誌，就到采石磯了。采石磯在當塗市西北十公里之采石鎮旁，接臨長江的翠螺山，山下突入江水

彎過叢叢雜樹林，李白展袖翔舞的雕塑赫然在前。

處，就名采石磯，而今整個采石磯已經成為一個「采石磯公園」了。

「采石磯」三個大字映入眼簾。樓檐式的入口處少了重彩的浮躁，心境立刻安靜下來，鎖溪河的河水聽來也潺潺有韻。

入鎖溪河，接上景區公路。公園裡景致別有情味，過圓夢園、翠苑、林散之紀念館，到李白紀念館。溪水繞圍，亭閣聯袂。

而李白紀念館前更是寬闊、粗獷，沒有多餘的雜物，高大的法國梧桐排闥，低碧的草地軟柔，一如李白的磊落、豪情。

李白紀念館

我們往西走至李白紀念館，白色雲牆迆灑，剛重修完成開放。

這裡，包括了太白樓、李白祠、清風亭、太白堂、同風閣、騎鯨軒、仙侶齋、松雲居、疊翠樓、吟香館、沉香園等的各景點、各展廳和碑廊，占地面積一萬多平方公尺，大陸最大的李白紀念館。

館前高大的梧桐樹群映著午後略近傍晚的陽光，溫暖、清幽卻也略帶寒涼、寂寞。

「很像李白的內心。」我自以為恰當的這樣說。

幸好我看到大石獅，相機比說話有趣味多了。

李白紀念館、青蓮祠、太白樓，都各有一對大石獅子。然而，這兒的石獅子笑開大口，伸著舌頭，結著綵帶，一點威嚴嚇猛都沒有，反而像隻大可愛貓，撒嬌鬧著要和你做朋友般，那神情應該還是像他的主人那般：相識滿天下，熱情皆好友！

館內有簡單的李白生平介紹。

熟悉的事情來到實地場景，格外令人低迴。

中國詩歌歷史若成銀河，李白就是銀河裡的一等恆星。世人稱他「詩仙」，號青蓮居士，他的詩風格自由豪放，好比舉杯邀明月，好比長歌吟松風，並且他也過著那樣豪爽奔放的生活，如仙河恆星睥睨人世。

李白生長的時代（西元七〇一至七六二年），是盛唐治世（西元七一二至七五五年），照理說盛世展翅更高翔。

二十五歲那年，他得到經商有成的父親的全力支持，離開四川，沿著長江而下，翱翔大世界。很快的，他闖出了耳熟能詳的名號。他出名的原因簡單說有三：

一、學養淵源深厚多藝多才；

二、涵有道家修業的經驗豐富；

三、能夠即興吟出華麗無比的好詩。

然而出四川，難道只為求得天下知名嗎？進京輔佐皇帝，安邦濟民，他心中最大的熱切和火炬哪！

可是，一直到李白四十二歲時才受到朝廷的召請，玄宗皇帝親自接見，並且授予他「翰林供奉」。不過很快的，李白就曉得了：原本期望自己能一展大志，可是那個理想即使「呆」在京城裡十年八年，也沒有個指望。所以，四十四歲時，李白，黯然離開長安。

李白在廬山避戰亂，皇子永王璘帶領軍隊經過，召集他參軍，李白心想能為多事的國家盡一點些微之力，那是多好的機會，等平定安史亂禍後，自己再像古時有智慧的魯仲連一般，隱逸五湖。

這裡有中國最大的李白紀念館。

事實上，李白仍然無法達成「心志」大願，只是一個「從軍詩人」罷了。更沒想到，太子肅宗一即位，竟下令討伐永王璘，將討賊平亂的永王璘定位為「叛軍奪政」。這一下子，從軍的李白成了叛逆份子，只得逃亡，在安徽宿松被捕並判死刑。

幸好天憐人才，遭此大禍的李白，虧得眾友人們的奔走而免除一死，流放至夜郎。溯長江而上，渡過險峻的三峽，來到詭譎暝茫的夔門口，死生未定，惶惶不安。然而就在此時，李白忽然接到大赦的通知，如獲重生般重負盡釋。隨即順流下長江，所有喜出望外的心情都充分表露在〈下江陵〉一詩中：

朝辭白帝彩雲間，千里江陵一日還；
兩岸猿聲啼不住，輕舟已過萬重山。

而回到江陵後的李白，不久之後來到采石鎮。

鳶尾與綠草

懷著對李白的尊崇和感嘆，我們踏在祠堂內的腳步也輕緩許多。千萬別驚擾詩人啊！館內很多畫幅、書法和雕塑。座塑像幾幅大字畫，能勾勒出多少李白的神貌和他一生的際遇呢？

李白的字跡，大氣、縱橫。他寫字時一定是隨興提筆，絕不會端端正正坐好吧？提宕轉折、點捺側勒，自有決定，彷彿滿身的自傲，都要在筆端下，大大展現給你們這明堂上的人一點好看。

祠堂裡靜悄悄，祠堂外的庭院中，紫色的鳶尾花兀自開放，亭亭在一片翠綠草叢之上。拔萃群倫！

我只能想出這樣一個俗氣的形容，不過，我前去蹲身拍了好幾張照片。團中其他好友，仍在祠堂中瞻望，讀著堂中的詩文。

好安靜。彷彿相仿的一種磁場或默契，沉靜的帶著一種人生的感傷。

人生和風景都不免有遺憾，有不被知遇的無奈和掙扎。

不過我還是相信：命運無可掌握，卻可無限的擴充。李白想要的身留萬世名，雖不在政治上，卻在更高的一個殿堂一個天宇。

這個世界，因人的架構，成形了各種的意義，也因人的存在，成果了華麗或頹敗，累積了歡喜與感傷。每一個際遇或停留，一個個看似不經意，但彼此之間彷彿又都有約定和關連。

李白如此，我們也如此。

晚年與采石磯

然而，李白晚年怎會與采石磯有著淵厚的關係？

傳說李白晚年，非常喜歡來采石磯遊覽。

采石磯在哪？

在長江岸邊。也在我們繼續前行的腳下。

近黃昏裡，雜樹掩映，山路有些涼寒和暗暝。江邊就在我們眼前。

采石磯的岩石很堅硬，這是我的直覺，因為石路上沒有什麼雜草。

高高低低，凸凸凹凹，啊，帶滿了酒的李白，要怎麼俐落行走呢？酒，一定灑了不少。李白一定笑著：江月且飲一杯，好酒咧。

泛著水光，黃泥渾渾的長江，有些壯觀，也有些不真實感。

李白就這樣彎彎繞繞的走到長江邊的嗎？

江邊一塊突出的、很有支撐力道的大岩石，彷彿天地間早已準備好的大舞台。

「這就是李白常來盤坐的大石臺。」

傳說，李白晚年經常就約了朋友坐在這塊突出江面的大石頭上，吟詩喝酒賞月。李白非常喜歡月亮，喜歡那一片銀亮透澄的光，連其中一個兒子的小名都叫「明月奴」。

從這兒看出去，視野很開闊，面對大江，風聲、水聲、長歌聲，應該可以譜成最雄渾、最貼近詩人心底的交響樂。

浪跡天下，走遍碧山明水的李白，怎曾在晚年停住采石磯？或者該這樣說：采石磯怎麼這麼幸運的讓李白選上，在此安度晚年？為甚麼不曾選在我的家鄉臨泉，也臨著一條泉溪，也在安徽哪？

江邊一塊突出的大岩石，
就是李白常來盤坐的大石臺。

獲釋重生後的李白，原先住在金陵，今天的南京地方。因為戰亂，父親及哥哥們的生意早已凋敝，再無多餘的金錢資助李白，其實在南京，李白也是靠朋友周濟，甚而一般簡單生活也不能再維持了。不得已，李白只好來當塗，依靠一位從叔李陽冰，因為從叔當時官為當塗縣令，至少有官衙可住，金錢也較一般人寬裕。

一開始，李白沒有說出自己的來意，住了一段時日後，在船上寫了封告別信，信中不得已說出自己的窘迫，李陽冰看了詩文後，便把他挽留下來了。

采石磯，居著名的「長江三磯」之首。絕壁臨江，水湍石奇，被譽為「天下第一磯」。其實采石磯範圍並不大，長江東岸，牛渚山北部突入江心的地方。

說實話，這是個風景很特別的地方，我不免幼稚的推想，如果李白生在現代，他可以是推動觀光的最佳代言人，也是傑出的電影製片外景導演，他浪遊各地，所停腳的地方，都是風景獨秀處。

李白生前極愛采石磯山水，年輕時候已在這附近寫了很多詩文，那時李白是多麼意氣風發啊！詩文的發抒，是心靈解脫的方法之一。

年輕時候的李白，就已經隱隱心儀這個地方了。

傍晚，江上風濤颯颯。可是在朗誦李白的詩文？

楚狂人、酒中仙

李白的生命裡，甚麼最令人難忘呢？
太多太多，所以一言包涵：楚狂人。
楚狂人的李白！
作弄高力士脫靴磨墨的李白。
援筆立就痛快回批突厥的李白。
不為官職毅然離去的李白。

美麗與哀愁

彎過叢叢雜樹林，李白展袖翔舞的雕塑赫然在前。不鏽鋼的銀亮在綠樹中有著熠熠的流光。
李白舞劍的美姿。

李白仰望蒼穹長嘯。
李白舞醉在天地間，笑傲越騰滄海上。
我們在這尊塑像前學著李白的姿態來拍照。有人學出來的模樣像打太極，有人學出來的模樣東倒西歪。
大夥笑開了。
嗐，李白哪裡是可以模仿出來的？
樹林間多了好多混聲，至少熱鬧些，我相信李白一定很喜歡。他可是很愛熱鬧的！

衣冠塚　李白墓

我們站在衣冠塚前，良久。
天才之生不同凡響，天才隕落又何曾平凡？
李白是在上元三年（公元七六二）十一月死於當塗的。
來到當塗時，李白已經迅速衰老，慢性膿胸穿孔症發作，膿胸穿孔症很類似現代所說的胃潰瘍，酒精中毒是主因之一。這種病本來就很難痊癒，李白嗜酒，又至死不休，說到這時暮年的李白，除了詩歌之外，唯一的留在心肯裡的就是酒了，他在給朋友的詩中說道自己的生活：高談滿四座，一日傾千觴。若真如詩中所提的那樣豪飲，因酒而得的病，如何能好？

雖然擁有的比平常人更多的天賦，令人艷羨，但是命運加諸文學家藝術家的考驗，卻可能比平常人更為嚴苛。文學家失去伯樂，音樂家失去聽覺，畫家失去辨色能力……，但真正偉大的藝術成就，往往產生在藝術工作者遭受橫逆挫折之後，而這時，也才讓我們發覺那些偉人或天才是如此貼近人世。

江水穿過時間，穿過遺憾。

飛天　乘鯨

喜愛李白、仰慕李白的人們，怎能甘心或說相信李白是這樣過世的？於是可愛的傳說，足以安撫人心的傳說出現了。淒美的傳說這麼說：

有一次，李白醉酒後，見天上一輪明月倒影江中，又好像看見月中的嫦娥翩飛臨水，站起便攢身跳入了江中，伸手去擁抱明月，周圍人大驚無措，不知如何是好。此時，只見江水翻滾，江中飛出大魚一條，那條神魚，馱著李白竟向著月亮飛去。老百姓紛紛拍手稱讚，讚嘆著說：李白啊，李白啊，又回到天上去做神仙了。

我也願意相信李白是這樣昇天的，乘著大鰲鯨，聽著飛天菩薩的仙樂，去到天庭。

牛渚江邊

鐵血棧道

撇開李白不說。采石磯在地理上是很重要的一個樞紐和要衝。江從萬里至，山作兩眉開。

朱元璋與陳友諒的勝敗殊絕，就在這裡。朱元璋命徐達渡長江，克采石磯，下當塗。至正二十三年，大敗陳友諒於鄱陽湖，於是奠立了他的霸主地位。

長江眾多湖泊、支流、分流，來到采石磯，彷彿群英畢至，重新匯合，合成滔滔江面，雄勢天下，所以六朝金陵，都非得在這裡屯兵悍守。

誰守住了采石磯，誰就能稱霸江東、江南，三國孫策攻打劉繇，因為掌控了這兒而順利渡江大勝；南宋虞允文大敗金兵於此，南宋才能偏安江南，創造人文藝術的百年風華時代。

沿岸的棧道，最無言的陳述。艱險的岩岸，最鐵血的明證！

石磯娘娘

長長棧道前，有一座三元洞。從洞外看，似乎沒有甚麼特別，一個洞，可能就是一個通道而已！但是進到洞裡後，洞中寬敞，供有石磯娘娘——孫尚香，也就是東吳孫權的妹妹，聽說向她祈禱可以保江上平安。香花素果妙相莊嚴，即使不是信眾，也能心生歡喜。

從這兒可以望向大江，江上的大風大浪，從這兒都能看得清楚。特別的是，石磯娘娘壇座旁，有一個甚大的洞口，直落江中，深不見底。長江的水轟嚨嚨的、一波波從洞口翻上洞壁，我站在堅固的護欄邊，還不免有些懼怕。江上驚濤，平凡百姓或漁家人兒怎不會畏天求祈呢？

江風颯颯，特別寒涼。

廣濟古寺

去到江邊，路途不算短，所以建有一條觀光纜車。但是我們遇上纜車維修停駛，我們只得步行上山下山、下山上山。

翠螺山不高，江岸不高，但彎彎曲曲不平的山路，走來仍感覺有些累「腳」。

我們這一團人這一趟旅程，已經爬了十天的山了，大家唉唉問著阿標大哥，阿標大哥一律標準答案：幾十分鐘而已啦！來，給你們拍照！漂亮啊！

另外有人說啦！老百姓最會取地名，翠螺，翠螺，螺背哪有平的？當然一圈一圈。

雖然明明是上山路，但是又夾著顛顛仆仆的下山路，才能去到長江邊。長江滾滾水，在前面轟隆轟隆的喊著加油。

一路上有很多景點：赤烏井、蛾眉亭、橫江塔，還有一座廣濟古寺。

廣濟古寺前的香爐

啞吧和尚

廣濟寺很不起眼的座落在半路半山中。很樸實的廟宇，清淨寂寥的修行之地。我上了臺階，去到廟前，誠敬的合十。

廣濟寺在采石磯有很長的一段年代，可說一座古寺。尤其廣濟寺與采石磯有一段感人的故事。

傳說：采石磯曾經有好長的一段時間炎熱、乾旱。所有的池井乾涸，連原本滾滾浩蕩充沛的長江水也減少了水量，民不聊生。

廣濟寺內老師父帶領弟子修行。弟子中一個啞吧和尚，因為提水擔水，看到眾生因為無水而備受折磨，心痛如刀割。他跪到觀世音菩薩法相之前，虔誠地祈禱直到凌晨。

再一日，他仍然苦求菩薩到天明。天明了，站起身時，他突然全身發熱，一股熱氣匯集他的雙手。他一看雙手，手上竟冒著水珠，水珠遍布於掌心。

他趕緊跑到方丈室找師父。

老師父聽到他咿咿呀呀，看到他滿手的水珠，知道啞吧弟子整晚都在佛前祈求。老和尚向啞吧弟子說：「是觀世音菩薩對你的啟示！菩薩的意思是：這次的乾旱，必須借重你的雙手才有救。」

老師父的話，開啟了啞吧和尚的心門，他內心靈光一現，知道與其用雙手求菩薩，倒不如用雙手的力量，去解除乾旱的災難。

他尋遍山野，看見一棵樹下尚有一欉草，草之中似乎有股綠色的水霧。他想起師父講過的一句話：「青霞起處心有泉」，意思是說某地若有股青氣，那裡一定有泉水。因此，他跑到草欉裡，用一根棍子插著做記號，然後開始破土挖井。他回想起自己幼年的遭遇，他並不是天生的啞吧，當他還是牧童的時候同樣發生乾旱，口渴得無法忍受時，找到一口井，看到水，他馬上先捧喝了一口。水一到喉嚨又熱又辣，他想喊叫卻無法出聲，別人也跟著要取水喝，他趕緊咿咿呀呀地叫著擋著，要他們不要喝水。從此，他就變成啞吧了。

啞巴後，他決意守候在井旁。直到百里之內的人都不敢取用時，他才離開，到廣濟寺當小和尚。

小啞吧和尚一邊掘井，一邊回想著自己的過去。他暗下決定，當這口井掘出水時，他要先喝第一口，即使喝了會死，也是圓滿甘心。

每個晚上他不斷地挖井。老師父發現啞吧弟子日漸消瘦，暗中跟隨他，終於發現他的掘井行動，也被他的勤懇感動，於是拿了一條繩子，在上面幫忙拉砂石。往後師徒倆就結伴夜間開井。

直到過年之前的一天，弟子們發現師父形銷骨立，趕緊圍過來看望，師父以微弱的聲音說：「啞吧弟子天天晚上去掘井，希望大家發心幫助，也祈求觀世音菩薩助他一臂之力！」說完，老師父安詳往生了。

而那一刻，眾弟子們快快跑到井邊，發現啞吧小和尚也已氣息奄奄，但是，手中抱觸著一塊大石，想要把大石抬起的執著。

大家呼喊著啞吧小和尚，小和尚吃力的睜開眼皮，指著石頭。眾弟子們先把他扶到地面上以後，再又趴向大石頭細聽，不禁歡呼——因為石頭下面有湍急的水流聲。於是，大家合力吊起大石頭，吊上平地來一看，竟是個五彩繽紛的結晶石。然後，再往下挖，很快地，井中真的冒出水來了。

五彩晶石

啞吧和尚舀起一瓢水，喝了一口，又冰又涼。當這口水從喉嚨吞下肚子時，竟然開口說：「好甜呀！好涼呀！」幾十年來無法講話，現在奇蹟地恢復講話的能力了，大家都非常驚奇與感動。

看到這一幕，大家都歡喜地捧水來喝，又把桶子往井裡去。

隔天，有百姓發現長江的水也漲起來了，水脈通達長江，江水也跟著多起來。

啞吧小和尚為了感念師父，親手把那個大彩石刻成香爐，供養師父。那是一個彩色的石香爐，後來，當地便改名為采石磯，以紀念啞吧小和尚以及他的師父。

捨己身救眾生，采石磯的美麗更令人心生智慧。

晚霞映著大片梧桐葉叢，溫溫暖暖似乎層層流連著。

拾陸

超酷美味

總之你可以說它是臭臭的宗教殿堂。

麻辣臭豆腐加豬血、酸菜燉煮後，香麻鮮辣，變成台灣名小吃，家喻戶曉、饕客愛逐。然而安徽毛豆腐之臭勝過台灣麻辣臭豆腐。

安徽毛豆腐

麻辣臭豆腐加豬血、酸菜燉煮後，香麻鮮辣，變成台灣名小吃，家喻戶曉、饕客愛逐。安徽毛豆腐之臭勝過台灣麻辣臭豆腐。

腐臭的肉塊；男人打完球後的臭襪子……。

中華民族裡有嗜臭一族，紹興人和安徽人都頗有名。紹興有臭豆腐、臭腐乳、臭鹹蛋、霉菜梗；安徽也有臭鹹蛋、臭鱖魚、毛豆腐。

父親說臭鴨蛋比鴨蛋或鹹鴨蛋好吃。但是臭鹹蛋、臭鱖魚的異味都比不過毛豆腐的臭味濃馥或說刺鼻。

毛豆腐是怎樣的食物？

說來嚇人，毛豆腐是長毛的豆腐，約一指長、兩指寬、兩指厚，呈長條狀的豆腐，先灑鹽讓它發酵，灑多少鹽，這是很大的工夫，要鹹淡相宜，通常要在十二度C左右的溫度下發酵，約一個星期才會長出纖毛來，很像鄉下久雨後白牆腳邊的青霉。發毛豆腐的那幾天，如果溫渡過低，豆腐要蓋被子加溫；若溫度過高，則要調整溫度，豆腐容易變質，豆腐隨溫度、鹽度、發酵時間不同，而有不同毛色，製作毛豆腐的店家老闆可是很在意那毛色品質，像審視寶物一般，烏色是鼠毛，金黃色是兔毛和棉花毛。

毛豆腐不油炸，多乾煎或紅燒，吃時沾點辣醬而食，軟軟滑滑。

臭豆腐的將臭的極致轉化成奇香的癡迷，不是因為現代人的嗜好怪異，其實臭豆腐這食物的記載始於漢代，普及於宋代，這臭並非單一的臭，而是有分別、有層次的「香」，所以才會一代一代傳下來囉。

這一次我親身來安徽旅遊，親自來品嘗，在金日酒店裡，就有一道毛豆腐燒肉，味道很重，很香。後來又嚐過乾煎毛豆腐、紅燒毛豆腐，酥軟可口，脆皮中的部份像蒸蛋，很好吃。

每一次豆腐送上來，我就格外想念我八十七歲的老爸爸，要是父親願意跟我一起來旅行，他一定吃得香甜，那該是多美滿的事啊！

臭鱖魚

酷辣超臭的美味

安徽有一道名菜——臭鱖魚。

聽說非常非常好吃。

住在合肥的這晚，鬍子小哥說一定要嚐嚐，吃當地美食，旅行才會倍增痛快。於是點了這道「臭鱖魚」。

有首詞：西塞山前白鷺飛，桃花流水鱖魚肥，青箬笠，綠蓑衣，斜風細雨不須歸。

風雨不歸，官派不往，因為鱖魚實在可口誘人。

「好，好，就點這道鱖魚，否則我不吃飯了。」團中的老大：莊家先生立刻應和。

安徽中部一帶全是湖泊、河流，河魚價廉物美，安徽人很會做生意的，廚師早就練就一手烹河魚的技巧。再說捕起河魚，一上岸，裹上些粗鹽，取道太平、長江、新安江運到徽州歙縣、休寧等地方銷售，都可以賣到相當不錯的價錢。

莊家先生幾乎走遍世界，他說一個地方盛產甚麼，那個東西一定好吃，徽商很有頭腦，一定有很多烹河魚的手藝。說著，說著，他「啊」了一聲，直說：等不及要流口水了。

臭鱖魚上桌了。一點也不臭，臭得好香啊，而且色澤很美。魚肉鮮白一片片，真真好吃。

鬍子小哥很得意，他點對了好吃的東西。

「享受美食，也是旅行之樂。」他說。

於是我們這一桌，一開始並不敢下筷的，這一會兒也不客氣的大快朵頤了，「臭鱖魚實在是非常鮮美」「鹹的恰恰好」。鱖魚桌上有知一定非常安慰吧！

紅燒划水

遊安徽，真的一定要吃「魚」。

丘陵地形河流湍急清澈，魚爭上游，鰭尾都非常強壯，所以餐館裡還有一道「紅燒划水」或者「清燉划水」，都是叫座的名菜。

第一天吃的紅燒魚是紅燒扁魚。扁魚？哇！太敏感的名字，幾乎有一分鐘，大家都不說話了。

不能叫別的名字？

扁扁的魚，就叫扁魚。服務生有些不解的看著我們，大嗓門的說著，她可能覺得我們少見多怪。

對。魚就只是魚，吃就對了。

扁魚魚肉非常細嫩可口，很清香，可是小細刺太多了，對沒有破解獨門功夫的人來說，太辛苦了，像我就是，一小塊魚肉，人家都吃飽了，我還沒有搞定。

剁椒魚頭

旅途中有兩次點這道「剁椒魚頭」。一次：魚用油煎過，辣油辣椒，沾上手擀麵條，吃得撐飽走不動路。來黃山湯口，決定再點一次「剁椒魚頭」。這次魚用蒸的，魚頭上澆上「剁椒」和「酸豇豆」。

「剁椒魚頭」的特別在「剁椒」。安徽人，其實湖南人也如此，他們吃辣椒，喜歡切開了生吃，或者是曬乾後切碎直接入菜。辣椒收成的時候，他們用一把長柄鏟子似的刀，刃口在前端，把辣椒去梗，放在大木盆中，盆底放塊砧板，一邊剷一邊剁。剁好之後，拌上鹽，或者切點蘿蔔條醃在裡面，封在罈子裡發酵，製成既新鮮又帶點微酸的鹹辣椒或辣椒醬。

說到辣椒，安徽有些縣，特別愛吃辣椒，譬如壽縣、宿縣，他們把辣椒洗淨，紮成一大綑，然後用一把刨刀來刨成極細的絲，浸泡上蔴油、醬油，幾十分鐘後，就非常好吃，下飯、拌菜都非常香。

對於我們這一桌的饕客，這是絕對不能放過的。於是從鳳陽之後，到餐館才剛坐定，就忍不住對服務生說：「泡腳，泡腳，辣嘴的。」

怪怪！一鍋的辣椒、大蔥、大蒜，怎吃啊？

告訴你好吃！好吃！

醃獨鮮

雖然，阿連笑我們這一桌的「肉食者鄙」。我們還是決定繼續每餐加點一道當地名菜。服務生介紹這「醃獨鮮」。

醃獨鮮？

甚麼是醃獨鮮？

好吃！鮮得很。服務生回答。雖然有些搞不懂狀況，我們還是決定賭一把！「點」！

原來是豬蹄膀肉，加上火腿，或者家鄉肉，我又問服務生什麼是家鄉肉啦，「家鄉肉就是家鄉人醃的肉，然後還有春筍滾刀塊子燉成的濃稠的燒鍋……。

服務生介紹的很辛苦，當然要點。

於是餐桌上又多了一道風味菜啦！

鹹、香、辣，有嚼勁，皮卻也軟爛。而那春筍才是好吃，勝過豬蹄膀。吃的好開心，這加菜錢沒白花。我們這一桌一面吃一面吆喝。

我至少多吃了一碗飯。

有人大喊不能吃了，肥減不成了。

楊胖胖的老婆下令停筯。「『亭住』停下來住著吃，吃啦吃啦，下一餐再減。」

又吵又鬧，不亦樂乎。出錢的莊老大說：愛吃的人絕沒有心機，一聽美食、好吃，就什麼事都等會再說啦！」

春筍小蹄膀

清燉豬腳，煨青江菜。

這不是台灣菜嗎？

服務員二丈和尚摸不著頭，直說他們沒賣台灣菜！

不過我們還是接受服務生的推薦：春筍小蹄膀。今晚就加這一道。

得之很好心，她提醒大家等菜都上齊了，再加點，可能較適當。唉呦，那些饕家怎等得及，何況這一路加點的菜，著實有笑料。

得之看看大家，搖了搖頭。我想她有點始料未及，或有些搞不懂老天，怎會將將好一桌子的饕家？

春筍小蹄膀，把不到一斤重的前腿小蹄膀放在陶缽之中，周圍擺上一圈春筍，放上酒、鹽、蔥、薑等，用猛火蒸一小時，上菜的時候，舀去缽中的浮油。不過徽菜來說再怎麼不油、去油，都很油，味很重。

雖然面相台式，很好吃，骨子裡還是很徽式。

黑糖糕大救駕

易消化，助睡眠。

有些像臺灣的倫敦糕，臺灣的倫敦糕是在來米粉蒸出來的，這兒的黑糖糯米糕，糯米粉加黑糖蒸出來的，但是沒有糯米的黏性，淡淡的黑糖香，就像一般的糕點般，我覺得沒有臺灣澎湖的黑糖糕好吃。

糕點送來了，鈔票付了，好好吃吃吧！

其後幾天的早餐上，黑糖糕都在其中，算是安徽的特色餐點。

在安徽的幾天裡，各家酒店大致上都有幾道麵和油做成的點心，有些較圓，像小酥餅，也有的做的比較方，也有的酒店做的比較薄。我比較喜歡像臺灣巧果的那種薄片的點心。那種點心有個老掉牙的名字——「大救駕」。據說某朝某皇帝逃難來此餓得半死時，老百姓就做了這種點心給皇帝吃，龍駕因而得救。

皇帝喜不喜歡吃，管他的，那些皇帝治國太差，下地獄都沒得赦免，有命逃難已經是老天給他福氣了，還得要百姓以高檔食材做東西給他吃，那有天理？餓死活該。

不過我想起小時候，那幾乎沒有什麼點心零食的時代，父親只要從金門休假回來，就會炸上一大桶這種麵和些油的麵食給我們吃，後來我曾經自己試著做做，不成不成，簡直無法入口。當然在我的記憶裡，父親蹲坐在小屋簷的後院裡，一小鍋一小鍋的炸，汗水一溜一溜滴淌的身影，是我永遠不會忘記的。

其它小菜

在我家裡幾乎隔一天就會有炒黃豆芽這道菜。黃豆芽很便宜，似乎也不怎麼難料理。

小時候爸爸還在金門部隊或台北國防醫學院裡任職，只要他休假回來，我們就會吃一道炒黃豆芽。先炒後煨，煨得每根豆芽乾乾的帶些醬油香，如果我們怕辣，爸爸總是最後再加入辣椒，翻炒一下，就上桌了。好香，我們總吃上好一大碗乾飯。

我的煮菜功力很差，結婚後，要下廚了，我不知道煮什麼好，也買黃豆芽，就學著爸爸炒黃豆芽，加蒜、加辣椒、加醬油，炒過幾番後就轉小火煨它，我發現黃豆芽很有韌力，我一面背書進修，它就煨在鍋子裏，直到收了湯汁，放足了香氣，也叫醒了奮力書中游泳的我。還好，菜上桌時，沒有被人發現。

很多同學或朋友，他們很少拿黃豆芽做菜，排骨熬黃芽湯倒是常喝。奇怪，為甚麼我們家常吃呢？而且好吃到有人來我家做客或找我談事情，竟然都會偷偷捏上一兩口的黃豆芽吃。「好吃耶！再給我吃幾口。」

真奇怪！

來到安徽，來兩趟了，其中一趟還標榜著豪華美食的團，桌上都有黃豆芽菜。
第一晚在蚌埠徽錦樓酒店用餐，第一道菜就是黃豆芽炒粉絲，然後有臭鱖魚、剁椒魚頭……後來在黃山、和縣都有。
原來我家的美食其來有自，是經典徽菜啊！熟悉的菜我吃得好香喔！

釀文學61　PE0022

皖山晴雪徽州夢
——安徽遊

作　　者　陳亞南
責任編輯　林千惠
圖文排版　邱瀞誼
封面設計　陳佩蓉

出版策劃　釀出版
製作發行　秀威資訊科技股份有限公司
114 台北市內湖區瑞光路70巷05號1樓
電話：+886-2-2796-3638　傳真：+886-2-2796-1377
服務信箱：service@showwe.com.tw
http://www.showwe.com.tw
郵政劃撥　19563868　戶名：秀威資訊科技股份有限公司
展售門市　國家書店【松江門市】
104 台北市中山區松江路209號1樓
電話：+886-2-2518-0207　傳真：+886-2-2518-0778
網路訂購　秀威網路書店：http://www.bodbooks.com.tw
國家網路書店：http://www.govbooks.com.tw
法律顧問　毛國樑　律師
總 經 銷　聯合發行股份有限公司
231新北市新店區寶橋路235巷6弄6號4F
電話：+886-2-2917-8022　傳真：+886-2-2915-6275

出版日期　2012年3月　BOD一版
定　　價　350元

Printed in Taiwan

國家圖書館出版品預行編目

皖山晴雪徽州夢 : 安徽遊 / 陳亞南著. -- 一版. -- 臺北
市 : 釀出版, 2012. 03
面； 公分
BOD版
ISBN 978-986-6095-84-9（平裝）

1. 旅遊文學 2. 安徽省

672.26 100027992

讀者回函卡

感謝您購買本書，為提升服務品質，請填妥以下資料，將讀者回函卡直接寄回或傳真本公司，收到您的寶貴意見後，我們會收藏記錄及檢討，謝謝！
如您需要了解本公司最新出版書目、購書優惠或企劃活動，歡迎您上網查詢或下載相關資料：http:// www.showwe.com.tw

您購買的書名：＿＿＿＿＿＿＿＿＿＿＿＿＿＿＿＿＿＿＿＿

出生日期：＿＿＿＿＿年＿＿＿＿＿月＿＿＿＿＿日

學歷：□高中（含）以下　□大專　□研究所（含）以上

職業：□製造業　□金融業　□資訊業　□軍警　□傳播業　□自由業
　　　□服務業　□公務員　□教職　□學生　□家管　□其它＿＿＿

購書地點：□網路書店　□實體書店　□書展　□郵購　□贈閱　□其他

您從何得知本書的消息？

□網路書店　□實體書店　□網路搜尋　□電子報　□書訊　□雜誌
□傳播媒體　□親友推薦　□網站推薦　□部落格　□其他＿＿＿＿＿

您對本書的評價：（請填代號　1.非常滿意　2.滿意　3.尚可　4.再改進）

封面設計＿＿＿　版面編排＿＿＿　內容＿＿＿　文／譯筆＿＿＿　價格＿＿＿

讀完書後您覺得：

□很有收穫　□有收穫　□收穫不多　□沒收穫

對我們的建議：＿＿＿＿＿＿＿＿＿＿＿＿＿＿＿＿＿＿＿＿＿

＿＿＿＿＿＿＿＿＿＿＿＿＿＿＿＿＿＿＿＿＿＿＿＿＿＿＿＿

＿＿＿＿＿＿＿＿＿＿＿＿＿＿＿＿＿＿＿＿＿＿＿＿＿＿＿＿

＿＿＿＿＿＿＿＿＿＿＿＿＿＿＿＿＿＿＿＿＿＿＿＿＿＿＿＿

請貼
郵票

11466
台北市內湖區瑞光路 76 巷 65 號 1 樓

秀威資訊科技股份有限公司 收

BOD 數位出版事業部

……………………………………………………………………………………

（請沿線對折寄回，謝謝！）

姓　　名：＿＿＿＿＿＿＿＿＿　年齡：＿＿＿＿　性別：□女　□男

郵遞區號：□□□□□

地　　址：＿＿＿＿＿＿＿＿＿＿＿＿＿＿＿＿＿＿＿＿＿＿＿＿

聯絡電話：(日)＿＿＿＿＿＿＿＿＿＿(夜)＿＿＿＿＿＿＿＿＿＿

E-mail：＿＿＿＿＿＿＿＿＿＿＿＿＿＿＿＿＿＿＿＿＿＿＿＿